Die Kapitän-Nemo-Geschichten

Ulrike Petermann

Die Kapitän-Nemo-Geschichten

Geschichten gegen
Angst und Stress

22., korrigierte Auflage

hogrefe

Prof. Dr. Ulrike Petermann, geb. 1954. 1974–1980 Studium der Psychologie und Pädagogik in Mannheim und Bonn. 1982 Promotion. 1986 Habilitation. 1987–1991 Professorin für Psychologie in München, 1991–1994 Professorin in Bremen. 1995–2006 Inhaberin des Lehrstuhls für Rehabilitation und Pädagogik bei psychischen und Verhaltensstörungen an der Universität Dortmund. 2007–2020 Inhaberin des Lehrstuhls für Klinische Kinderpsychologie im Studiengang Psychologie der Universität Bremen.

Bibliografische Information der Deutschen Nationalbibliothek
Die Deutsche Nationalbibliothek verzeichnet diese Publikation in der Deutschen Nationalbibliografie; detaillierte bibliografische Daten sind im Internet über http://dnb.dnb.de abrufbar.

Hogrefe Verlag GmbH & Co. KG
Merkelstraße 3
37085 Göttingen
Deutschland
Tel. +49 551 999 50 0
Fax +49 551 999 50 111
info@hogrefe.de
www.hogrefe.de

Umschlagabbildung: © nach einer Vorlage von Monika Weger
Illustrationen: Dr. Julia-Katharina Rißling
Satz: Sina-Franziska Mollenhauer, Hogrefe Verlag GmbH & Co. KG, Göttingen
Druck: mediaprint solutions GmbH, Paderborn
Printed in Germany
Auf säurefreiem Papier gedruckt

Die 1. bis 18. Auflage des Buches sind im Herder-Verlag, Freiburg, erschienen.

22., korrigierte Auflage 2024 B A

(E-Book-ISBN [PDF] 978-3-8409-3286-1; E-Book-ISBN [EPUB] 978-3-8444-3286-2)
ISBN 978-3-8017-3286-8
http://doi.org/10.1026/03286-000

Inhaltsverzeichnis

Vorwort

Kapitän Nemo hat schon eine lange Tradition! Diese zeigt sich nicht nur in Form des vor über 150 Jahren von Jules Vernes geschriebenen Abenteuerromans „20 000 Meilen unter den Meeren“, sondern auch in den bereits vor knapp 40 Jahren entwickelten Kapitän-Nemo-Geschichten. Sie wurden für Kinder entworfen, die wegen Verhaltensproblemen eine Therapie benötigten. Um für diese Kinder die Therapie besonders wirksam zu gestalten, wurde ihnen zu Beginn jeder Sitzung eine Unterwassergeschichte von Kapitän Nemo erzählt. Die Geschichten waren und sind bis heute derart konzipiert, dass sie einerseits an Alltagserfahrungen von Kindern ansetzen, nämlich dem Element „Wasser“, und andererseits eine fantastische Welt ausbreiten, die durch ruhige motorische Aktivitäten und stark reduzierte äußere Reize, wie zum Beispiel die Abwesenheit von Lärm, charakterisiert sind. Die beschriebenen Bilder der Unterwasserwelt in den Kapitän-Nemo-Geschichten lösen Entspannungsprozesse aus, die durch gezielte Instruktionen zur Entspannung noch vertieft werden sollen. Die Geschichten verfolgen das Ziel, ängstliche Erregung und motorische Unruhe abzubauen, die Kinder auf eine Therapiesitzung einzustimmen, damit sie von der Behandlung besser profitieren können. Diese Ziele wurden und werden bis heute mit den Kapitän-Nemo-Geschichten erreicht.

Darüber hinaus fanden diese Entspannungsgeschichten im Alltag von Kindern eine weite Verbreitung. Hierbei handelte es sich um Kinder ohne Verhaltensstörungen und ohne sonstige psychische Probleme. Die Unterwassergeschichten wurden in Kindergärten, Schulen, Kinderheimen, Kinderkliniken, Rehabilitationskliniken und anderen Institutionen ebenso mit Erfolg eingesetzt wie im Alltag von Familien.

Gerade in den vergangenen Coronazeiten, und natürlich auch noch danach, konnten und können die Geschichten für Kinder eine wertvolle Hilfe sein. Ein reger Einsatz in Familien führte in kurzer Zeit zur 22. Auflage der Kapitän-Nemo-Geschichten.

Die Beliebtheit der Kapitän-Nemo-Geschichten führte dazu, dass sie im Jahre 1993 als zwei Audiokassetten und später als CDs im ELVIKOM Verlag (Essen) Kindern, Eltern, Therapeuten und Pädagogen zur Verfügung gestellt werden konnten. Jedoch wurde immer wieder der Wunsch an mich herangetragen, eine schriftliche Form dieser Geschichten zu publizieren, um sie vorlesen zu können. Jetzt liegen die Geschichten seit bereits drei Auflagen beim Hogrefe Verlag vor, bei dem ich mich sehr für die wunderbare Gestaltung des Buches bedanken möchte. Frau Susanne Weidinger, Programmleiterin im Hogrefe Verlag Göttingen, unterstützte mich in besonderer Weise, wofür ich ihr sehr danke.

Bedanken möchte ich mich auch bei Dr. Julia-Katharina Rißling für die wunderschöne Bebilderung der Geschichten. Ebenso bedanken möchte ich mich besonders bei den vielen Kindern, die mich während meiner jahrzehntelangen therapeutischen Tätigkeit durch ihre Begeisterung für die Kapitän-Nemo-Geschichten zu zahlreichen Ideen inspirierten, sodass nun 14 Unterwasserausflüge von Kapitän Nemo ausgefeilt vorliegen.

Schließlich bin ich sehr dankbar dafür, dass mich mein verstorbener Mann, Franz Petermann, immer wieder ermutigte, an den Kapitän-Nemo-Geschichten festzuhalten und einen Fortsetzungsband zu verfassen. An diesem arbeite ich!

Bremen, im Herbst 2023 Ulrike Petermann

Für Eltern:
Einige Worte im Voraus

Kinder und Ruhe in unserer Zeit

Das 20. Jahrhundert war durch große Fortschritte in Wissenschaft und Technik charakterisiert. Mit sehr vielen positiven Erkenntnissen gingen natürlicherweise auch negative Entwicklungen einher. Dies wird sich auch im 3. Jahrtausend kaum ändern. Die Technisierung des Alltags brachte unter anderem Lärmbelastungen, eine Informationsflut sowie Schnelllebigkeit in vielen Lebensbereichen mit sich. Kinder sind besonders dann einer Flut von Reizen ausgesetzt, wenn Erwachsene diese Einflüsse nicht durch aktive Erziehung altersangemessen filtern und regulieren. Vielfältige Reize können durch Fernsehen, Videofilme, Videospiele, Computer, Internet, Handy, aber auch durch industriegesteuerte Freizeitaktivitäten und Hobbypflege in Managermanier gegeben sein.

Die natürliche Fähigkeit zur Ruhe und Besinnung geht Kindern durch solche Lebensbedingungen verloren. Die Folgen können vielfältig in Erscheinung treten, zum Beispiel in Form von motorischer Unruhe, Aufmerksamkeits- und Konzentrationsstörungen, Motivationsproblemen, verschiedenen Ängsten, starken Stimmungsschwankungen sowie übermäßigem Stresserleben und großer Anspannung bis hin zu Gereitzheit und aggressivem Verhalten. Kinder mit solchen Problemen wirken unausgeglichen sowie unzufrieden und können für sich selbst sowie für andere eine Belastung sein.

Angst und Stress

Ängste im jungen Kindesalter können zur normalen Entwicklung gehören und Durchgangsphänomene darstellen. Solche Ängste beziehen sich beispielsweise auf Dunkelheit, Naturereignisse wie Blitz und Donner, aber auch auf den Kontakt mit unvertrauten Personen oder die Trennung von Bezugspersonen, etwa beim Besuch des Kindergartens oder der Schule. Unter bestimmten Voraussetzungen können Ängste so stark werden, dass sie behandelt werden müssen. Nach epidemiologischen Studien geht man heute von 10 bis 15 Prozent behandlungsbedürftigen Ängsten im Kindes- und Jugendalter aus. Für Kinder und Jugendliche typische Ängste sind die Trennungsangst, die soziale Ängstlichkeit und generalisierte Ängste.

Bei der *Trennungsangst* möchte sich ein Kind nicht von den wichtigen Bezugspersonen trennen und das häusliche, vertraute Umfeld nicht verlassen. Das Kind sorgt sich übermäßig darüber, dass den Bezugspersonen etwas zustoßen könnte, wodurch es von diesen Personen getrennt würde. Solche gefürchteten Ereignisse beziehen sich auf Krankheit, Unfall oder ein anderes Unglück. Ein Kind mit *sozialer Ängstlichkeit* meidet den Kontakt mit fremden oder wenig vertrauten Personen, und zwar sowohl mit Erwachsenen als auch mit Kindern. Es hat Angst davor, sich zu blamieren oder bloßgestellt zu werden. Weiter hat ein sozial ängstliches Kind Angst davor, als ängstlich, schwach, dumm, komisch oder unattraktiv von anderen bewertet zu werden. Deshalb reagiert es mit Verlegenheit sowie Scham und versucht, jegliche Leistungssituation zu vermeiden. Die *generalisierte Angst* erstreckt sich über viele Ereignisse und Handlungen, die alltägliche Aktivitäten und Probleme betreffen. Bei Kindern kann es sich zum Beispiel um schulische Belange, Freundschaften zu anderen Kindern oder familiäre Probleme wie Streit, Krankheit oder Trennung der Eltern handeln. Die sorgenvollen Gedanken, furchtsamen Erwartungen und Angstgefühle bezüglich einer Reihe alltäglicher Ereignisse werden sehr intensiv wahrgenommen (Petermann & Suhr-Dachs, 2013; Suhr-Dachs & Petermann, 2013).

Es ist deutlich geworden, dass die für Kinder typischen Ängste einerseits alltägliche Situationen, Ereignisse und Probleme beinhalten und in der Regel nicht mit kritischen Lebensereignissen oder traumatisierenden Erfahrungen in Verbindung stehen. Andererseits sind übertriebene Ängste immer irrational und sie sind deshalb eine sehr subjektive Angelegenheit. In jedem Fall bedeutet ein Zuviel an Ängsten für eine Person Stress. Damit verlieren Ängste ihre sinnvolle und lebensschützende Funktion.

Ängste und Stresserleben stehen also in einem unmittelbaren Zusammenhang. Die Belastungsfaktoren, die zum Erleben von Stress führen, können drei Quellen entspringen. *Zum ersten Lebenskrisen:* Hiermit sind schwere Erkrankungen eines Familienmitgliedes, Tod eines Elternteiles, häufige und intensive familiäre Streitsituationen oder Trennung und Scheidung der Eltern gemeint. *Zum zweiten entwicklungsbedingte Probleme:* Sie können sich auf natürliche Umbruchsituationen im Leben beziehen, wie Kindergarten- und Schuleintritt, Schul- und Wohnortwechsel oder Eintritt in die Pubertät. *Zum dritten alltägliche Spannungen und Probleme:* Sie resultieren bei Kindern am häufigsten aus schulischen Situationen; danach folgen die Lebensbereiche „Familie", „Freunde" und „Freizeit".

Eine Reihe von Untersuchungen zeigt, dass Stress vor allem bei alltäglichen Problemen erlebt wird, bei Kindern am häufigsten bei *schulischen Anforderungen.* Werden Kinder und Jugendliche, die unter Schulstress leiden, danach befragt, was ihnen in der Schule am meisten Stress bereitet, dann stehen an erster Stelle schlechte Noten, gefolgt von Problemen bei der Hausaufgabenerledigung, Schulunlust, Angst vor Klassenarbeiten, Angst um die Versetzung und am Ende der Auflistung werden Probleme mit Lehrkräften genannt. Beim Stresserleben in der Schule spielen also die bewertungs- und leistungsbezogenen Aspekte eine überragende Rolle. In anderen Lebensbereichen werden vor allem Streitsituationen mit den Eltern oder Freunden, inkl. Mobbingerfahrungen, als negativ stressend wahrgenommen.

Stresssymptome bei Kindern können in Schlafstörungen mehrmals in der Woche, Appetitlosigkeit, Kopf- und Bauchschmerzen sowie in Konzentrationsproblemen und erhöhter Ängstlichkeit bestehen.

Zu diesem Ergebnis kommen schon Klein-Heßling und Lohaus (1995) und in einer aktuellen Studie Hampel und Petermann (2017).

Vergleicht man, worauf sich typische Ängste bei Kindern beziehen und welche Faktoren zu Stresserleben führen, so kann man leicht feststellen, dass sowohl Angstinhalte als auch Stresserleben vorrangig aus Alltagssituationen und -problemen resultieren. Bevorzugt sind Situationen betroffen, die im engeren oder weiteren Kontext von Bewertung und Leistung stehen.

Nun kann man sich fragen, ob unsere Kinder heute stressempfänglicher und angstanfälliger geworden oder ob die Anforderungen und Belastungen gestiegen sind. Sicherlich trifft beides und noch manches mehr zu. Bei behandlungsbedürftigen Ängsten wie auch bei anderen psychischen Störungen gehen wir heute von sehr komplexen und kompliziert vernetzten Ursachenmodellen aus (Petermann & Suhr-Dachs, 2013; Suhr-Dachs & Petermann, 2013).

Biologische und psychische Merkmale eines Kindes spielen ebenso eine Rolle wie Umweltfaktoren, sei es elterliches Verhalten und die Familiensituation oder seien es beispielsweise Einflüsse durch Medien und Freizeitgestaltung. Diese und andere umgebungsbedingte Faktoren wirken sicherlich nicht direkt auf die Entstehung von Stressempfindlichkeit und Angstanfälligkeit eines Kindes. Jedoch kann die mit dem „modernen" Leben verbundene Reiz- und Informationsflut, Schnelllebigkeit und Lärmbelästigung den Nährboden dafür darstellen, dass Kindern bei Vorliegen weiterer ungünstiger Bedingungen ein zentraler Faktor zur Regenerierung aus eigener Kraft verloren geht, nämlich die Fähigkeit zur Ruhe und Selbstbesinnung. Ist diese Fähigkeit nicht vorhanden, so kann Stress leichter erlebt werden, da die Möglichkeit zur selbstgesteuerten Regulation von negativem körperlichen und emotionalen Empfinden fehlt. Folgerichtig findet man immer auch Entspannungsübungen in verschiedenen Anti-Stress-Trainingsprogrammen neben Strategien zur Problemlösung und aktiven Stressbewältigung (Hampel & Petermann, 2017; Klein-Heßling & Lohaus,

1995). Auch in der Behandlung von Ängsten bei Kindern werden Entspannungsmethoden neben weiteren Methoden eingesetzt (Petermann & Petermann, 2015).

Warum Entspannungsgeschichten?

Entspannungsverfahren sind Methoden, die helfen können, Ruhe und Ausgeglichenheit zu erlangen (F. Petermann, 2020). Voraussetzung ist zum einen, dass man das richtige Entspannungsverfahren wählt, zum anderen, dass man die Technik regelmäßig anwendet und Entspannungsprozesse dadurch einübt. Man unterscheidet drei Wege, um zur Entspannung zu gelangen, und zwar den

- kognitiven,
- sensorischen und
- imaginativen Zugang.

Das *Autogene Training* ist ein Beispiel für ein kognitives Entspannungsverfahren. Eine Person instruiert sich selbst (=kognitiv) mit den Formeln der Grundübungen, wie: „Mein rechter Arm ist schwer!“, „Mein linkes Bein ist warm!“ usw.

Die *Progressive Muskelentspannung* steht für einen sensorischen Entspannungszugang. Bei diesen Übungen wird aktiv und körperbezogen (=sensorisch) vorgegangen, indem eine Muskelgruppe nach der anderen systematisch angespannt und wieder gelockert wird. Bei der Armübung wird beispielsweise ein Arm ausgestreckt, angewinkelt, und die Hand bildet eine Faust. Die Faust wird für ca. zehn Sekunden zugedrückt. Danach lässt man den Arm auf den Oberschenkel eines Beines bzw. auf eine Unterlage fallen; die Faust wird dabei geöffnet.

Bei den imaginativen Entspannungstechniken wird mit Fantasiebildern, zum Beispiel von einem sonnigen, warmen Sandstrand, gearbeitet. Die Fantasiebilder werden detailliert erzählt, sodass sich eine Person das Bild genau vorstellen, also imaginieren kann. Hierzu werden Bilder gewählt, die geeignet sind, Gefühle von Wohlbefinden und Entspannung zu erzeugen (U. Petermann, 2021). Die *Kapitän-Nemo-Geschichten* repräsentieren eine imaginative Entspannungstechnik (U. Petermann, 2020).

Untersuchungen zeigen, dass imaginative Entspannungstechniken für Kinder am geeignetesten sind und die beste Wirkung erzielen (Petermann & Petermann, 2020). Dies liegt unter anderem daran, dass imaginative Bilder der Fantasietätigkeit von Kindern sowie der Vorliebe zum Tagträumen entgegenkommen. Nun genügt es nicht, für ein Kind lediglich ein Fantasiebild auszumalen. Vielmehr sind solche entspannenden Bilder dann effektiv, wenn sie in eine Handlung integriert sind, wie dies bei den Kapitän-Nemo-Geschichten der Fall ist. Es handelt sich also bei diesem imaginativen Entspannungszugang für Kinder um Geschichten zur Entspannung.

Andere Begriffe, die verwendet werden, lauten „Fantasiereisen zur Entspannung", „Entspannungsmärchen" oder einfach „Entspannungsgeschichten". Viele dieser Geschichten sind mit Musik kombiniert. Da diese Angebote in den letzten Jahren sehr expandierten, ist es schwierig, einen Überblick zu bekommen und seriöse von unseriösen Techniken zu unterscheiden. Manchmal werden mit diesen Entspannungsangeboten für Kinder Versprechen gegeben, z.B. Schulprobleme lösen zu helfen, die kein Entspannungsverfahren einhalten kann. Andere imaginative Techniken setzen unlautere Suggestionen ein, die mehr mit zweifelhaften Manipulationen als mit vertrauenerweckenden Entspannungsmethoden zu tun haben. Die folgenden Abschnitte wollen eine Hilfe sein, Entspannungsgeschichten richtig bewerten zu können.

Was dürfen Sie erwarten?

Entspannungsverfahren sind sogenannte *symptomunspezifische Methoden,* die bei keiner körperlichen Erkrankung und keinem psychischen Problem als entscheidendes oder sogar alleiniges Heilverfahren betrachtet werden können. Sie lösen keine familiären, schulischen oder sonstigen Schwierigkeiten. Wer solche Kompetenzen einer Entspannungsmethode zuschreibt, hat unrealistische und überhöhte Erwartungen und muss enttäuscht werden. Weshalb soll man jedoch ein Entspannungsverfahren anwenden? Und was kann es tatsächlich leisten?

In der Tat sind psychophysiologische Auswirkungen von Entspannungstechniken, also positive Effekte auf Körper, Geist und Seele, nachweisbar (vgl. Seite 22ff.). Diese Auswirkungen führen zu einer umfassenden Beruhigung: Alle Körperaktivitäten werden reduziert; die Motorik und das Verhalten beruhigen sich; Hirnstromaktivitäten verändern sich, sodass Aufmerksamkeit und Konzentration positiv beeinflusst werden; emotionale Reaktionen wie Angst oder Wut können nach gelungener Entspannung nicht mehr ohne Weiteres ausgelöst werden. Aufgrund dieser positiven Effekte von Entspannungsverfahren eignen sie sich hervorragend für *nachfolgende anforderungsreiche Situationen.* Sei es eine medizinische Behandlung, eine Psychotherapie, ein Verhaltenstraining zum Angstabbau, ein Lerntraining zum Aufbau von Arbeitsstrategien oder seien es alltägliche Aufgaben, wie Hausaufgaben erledigen, für Klassenarbeiten lernen, stressfrei Klassenarbeiten bewältigen, bis hin zum konzentrierten Spielen. Schließlich können Entspannungsmethoden als Einschlafhilfe genutzt werden. Entspannungsverfahren sind also hilfreich und sinnvoll *zur Vorbereitung* nachfolgender Aktivitäten, da sie günstige psychophysiologische Bedingungen herstellen können (Saile, 2020; U. Petermann, 2021).

Die Kapitän-Nemo-Geschichten

Entspannungsgeschichten sind besonders geeignet, wenn eine erfolgversprechende Technik zur Entspannung bei Kindern angewandt wird und dieses Vorgehen Kindern zudem Spaß bereiten soll. Entspannungsverfahren sind keine Zaubermittel; vielmehr hängt ihre Wirkung von der regelmäßigen Anwendung ab. Nur durch Übung können die psychophysiologischen Entspannungsreaktionen zuverlässig ausgelöst werden. Das bedeutet, dass es sich bei dem Einsatz eines Entspannungsverfahrens um ein *Ritual* handelt, also um eine wiederkehrende Aktivität. Diese darf *nicht variieren,* da ansonsten die Entspannungsreaktionen nicht erlernt werden können. Rituale weisen eine Abfolge von gleichbleibenden Schritten auf. Wird eine Entspannungsübung beispielsweise regelmäßig vor dem Erledigen von Hausaufgaben durchgeführt, so leitet das Entspannungsverfahren die Bearbeitung der Hausaufgaben ein, und es wird dadurch zum strukturierenden Element.

Die Entspannungsgeschichten sollen von Kindern positiv angenommen werden; das heißt beispielsweise, dass sie nicht langweilig sein dürfen, sie nicht mit Widerwillen angehört werden und ihr Inhalt mühelos aufgenommen werden kann. Zugleich darf die Entspannungsmethode sowie die Art einer Entspannungsgeschichte nicht variieren. Wie sollen diese sich scheinbar ausschließenden Anforderungen in einer imaginativen Entspannungstechnik realisiert werden?

Die Lösung des Problems liegt darin, dass Entspannungsgeschichten im Aufbau eine feste Struktur aufweisen müssen. Es gilt zu berücksichtigen, wann die Systematik einer Imagination zwingend eingehalten und wann sie durchbrochen werden darf, Teile einer Entspannungsgeschichte also variieren dürfen. Ein Beispiel für diese Problemlösung bieten die *Kapitän-Nemo-Geschichten,* die bereits vor knapp 40 Jahren entwickelt und bei sehr vielen Kindern erfolgreich eingesetzt wurden (Petermann & Petermann, 2023).

Sie sprechen Kinder im Alter von etwa fünf bis zwölf Jahren positiv an. Sie sind als *Fortsetzungsgeschichten* mit 14 Folgen konzipiert. Das bedeutet, es gibt ein sogenanntes *Leitmotiv,* das sich aus den folgenden Elementen zusammensetzt:

- Leitfigur „Kapitän Nemo“
- Unterwasserwelt
- Unterwasserboot „Nautilus“
- Unterwasserausflüge
- Taucheranzug und -ausrüstung
- Kapitän-Nemo-Spruch „Nur ruhig Blut, dann geht alles gut!“

Kinder sollen sich vorstellen, sie seien von Kapitän Nemo zu einer Reise durch die Weltmeere mit dem Unterwasserboot „Nautilus“ eingeladen worden. Auf dieser Reise unter Wasser gibt es ganz besondere Augenblicke, nämlich wenn Nautilus für Unterwasserausflüge verlassen wird. Für dieses Ereignis müssen sich die Kinder und Kapitän Nemo vorbereiten. Dazu ziehen sie ihren Taucheranzug, die Schwimmflossen sowie die Taucherbrille an und setzen das Sauerstoffgerät mithilfe von Kapitän Nemo auf den Rücken. Durch eine Ausstiegsluke verlassen zuerst Kapitän Nemo und dann die Kinder das Unterwasserboot.

Dieser Teil der Geschichte besteht immer aus demselben Aufbau und Wortlaut. Es wird als *Einstiegsbild* bezeichnet und dient der Vorbereitung für den Unterwasserausflug. Dieses gleichbleibende Einstiegsritual in jeder Fortsetzungsgeschichte entspricht der sogenannten konzentrativen Einstimmung auf das eigentliche Entspannungsgeschehen. In „klassischen Entspannungstechniken“ wird diese Einstimmung mit einer Ruheformel erreicht, wie „Ich bin ganz ruhig!“. Diese Ruheformel wird in der Kapitän-Nemo-Geschichte mit dem schrittweisen Anlegen des Taucheranzuges verknüpft: Wenn mit den Beinen in den Taucheranzug gestiegen wird, werden diese ruhig. Ebenso geschieht dieses bei den Armen.

Nachdem das Unterwasserboot Nautilus verlassen wurde, erleben die Kinder mit Kapitän Nemo eine vielfältige Unterwasserwelt. Sie besuchen einen *Korallenwald* und einen *Unterwasserwald.* Sie beobachten *Seepferdchen, Delfine* und *Wale.* Sie suchen *Muscheln,* eine *Schatzkarte* und ein *versunkenes Piratenschiff.* Sie genießen eine *warme Unterwasserfontäne* und reiten auf *Riesenschildkröten* und auf *Delfinen.* Sie erkunden die *Unterwasserstadt Atlantis* und eine wunderbare *Unterwasserhöhle.* Dieser Teil des Entspannungsverfahrens sind Fortsetzungsgeschichten, die als *Erlebnisbilder* bezeichnet werden. Wie zu sehen ist, handelt es sich um sehr unterschiedliche Motive. Die Erlebnisse mit Kapitän Nemo in der Unterwasserwelt variieren also. Dadurch sind die Kinder immer wieder auf die nächste Unterwasserreise neugierig, und es wird ihnen nicht langweilig. Trotz dieser Variation gibt es gleichbleibende Strukturen. Sie betreffen *sechs Merkmale* des Fortsetzungsteils der Kapitän-Nemo-Geschichten:

1. Beschreibung der Unterwasserwelt
2. Gezielte Entspannungsinstruktionen
3. Kapitän-Nemo-Spruch „Nur ruhig Blut, dann geht alles gut!“
4. Aktiv in der Fantasie beteiligt sein
5. Vermeiden bedrohlicher Erlebnisbilder
6. Korrektes Zurückholen

Beschreibung der Unterwasserwelt. Sie wird als hell, sonnendurchflutet und warm geschildert. Kapitän Nemo taucht mit seinen kleinen Gästen in flachen und ungefährlichen Gewässern der Weltmeere. Eine Begegnung mit Haien oder „Mörderwalen“ beispielsweise ist ausgeschlossen.

Gezielte Entspannungsinstruktionen. In die Erlebnisbilder der Kapitän-Nemo-Geschichten sind die ersten beiden Grundübungen des Autogenen Trainings integriert, nämlich die Schwere- und Wärmeinstruktion für Arme und Beine. Es wurde darauf geachtet, dass der Inhalt der Fortsetzungsgeschichten mit den gezielten Entspannungsinstruktionen in Einklang steht. Diese „Passform“

ist ein zentrales Merkmal der Kapitän-Nemo-Geschichten, wodurch eine wichtige Voraussetzung für eine sehr gute psychophysiologische Wirksamkeit der Geschichten erfüllt ist.

Kapitän-Nemo-Spruch „Nur ruhig Blut, dann geht alles gut!“. Mit diesem Spruch, den die Kinder von Kapitän Nemo gelernt haben, können sich Kinder selbst beeinflussen und ihr Verhalten steuern. Solche inneren Sätze verwenden wir in Selbstgesprächen immer im Alltag, und sie helfen oder behindern uns, je nach positivem oder negativem Inhalt. Sie werden Selbstinstruktionen genannt. Solche positiven inneren Sätze können gezielt aufgebaut und genutzt werden. Die Kinder lernen von Kapitän Nemo für die unterschiedlichsten Situationen während der Unterwasserausflüge, den Kapitän-Nemo-Spruch erfolgreich einzusetzen, beispielsweise um nicht unüberlegt und hyperaktiv zu reagieren, nicht wütend zu werden, abwarten zu lernen, Mut zu haben und nicht ängstlich etwas zu vermeiden. Beim Autogenen Training werden solche Selbstinstruktionen als Vorsatzformeln bezeichnet.

Aktiv in der Fantasie beteiligt sein. Hiermit ist gemeint, dass die Kinder die Geschichten nicht nur passiv auf sich wirken lassen. Vielmehr betätigen sich die Kinder in ruhiger, entspannungsfördernder Weise; sie sind also in der Fantasie mit Ruhe aktiv. Dies betrifft das Schwimmen, welches ohne Kraftaufwand und Hektik erfolgt, ebenso wie beispielsweise das Sammeln von Muscheln und Steinen, von dem Arme und Beine angenehm schwer und warm werden. Ein solches aktives Beteiligtsein in einer Entspannungsgeschichte ist imaginativen Entspannungsverfahren, die lediglich Bilder beschreiben, ohne die sich entspannende Person als Handelnde einzubeziehen, überlegen. Die Vorstellung einer Waldlichtung mit Vogelgezwitscher würde also nicht genügen, da der sich Entspannende die Vorstellungsbilder nicht aktiv in seiner Fantasie mitgestaltet.

Vermeiden bedrohlicher Erlebnisbilder. Kapitän Nemo macht die Kinder zwar neugierig, wenn er das Ziel eines Unterwasserausfluges ankündigt, aber zu spannende oder gar Angst auslösende Erlebnisse gibt es in den Geschichten nicht. Beispielsweise wird das versunkende Piratenschiff zuerst von Kapitän Nemo alleine erkundet; und erst wenn keine Gefahr droht, darf ein Kind das Piratenschiff erobern. Ein anderes Beispiel ist die Unterwasserhöhle, die einen breiten Eingang hat; diese Tatsache kann ein Kind sofort daran erkennen, dass es *neben* Kapitän Nemo in die Höhle gelangen kann. Die Höhle selbst ist aufgrund einer Deckenöffnung hell und sonnendurchflutet; zusätzlich reflektiert das Perlmutt einer großen Muschel das Sonnenlicht, sodass die Höhle an einer Stelle besonders hell erleuchtet ist. Die Höhle besteht auch nur aus einem Raum, sodass keine Angst davor entstehen kann, sich in einem Labyrinth zu verirren.

Korrektes Zurückholen. Am Ende einer jeden Entspannungsgeschichte muss ein Kind in gleichbleibender, korrekter Weise zurückgeholt werden. Nachdem ein Kind mit Kapitän Nemo nach einem Unterwasserausflug wieder im Unterwasserboot Nautilus angekommen ist, stellt es sich vor, dass es aus einem schönen Traum erwacht. Es erhält die Aufforderung, die Arme und Beine zu strecken, mehrmals tief ein- und auszuatmen sowie schließlich die Augen zu öffnen. Da viele körperliche Reaktionen durch eine gelungene Entspannung herabgesetzt werden, soll sich ein Kind nicht sofort aufsetzen oder sogar aufstehen, sondern damit zwei bis drei Minuten warten. Falls ein Kind hingegen nach dem Unterwasserausflug einschlafen möchte, folgt eine andere Instruktion (vgl. die Instruktionen zum Zurückholen und Einschlafen, z.B. auf Seite 39 und Seite 45f.).

Auswirkungen auf Körper, Geist und Seele

Wenn ein Entspannungsverfahren regelmäßig, mit nicht zu langen Zeitabständen durchgeführt wird, beispielsweise zwei- bis dreimal in der Woche, dann können psychophysiologische Effekte erwartet werden. Sie äußern sich in körperlicher, kognitiver und psychischer Hinsicht (U. Petermann, 2020, 2021). Eine Reihe körperlicher Auswirkungen bildet die Voraussetzung für kognitive und psychische Veränderungen.

Auswirkungen auf den Körper

Es können fünf physiologische, also körperliche, Effekte festgestellt werden: neuromuskuläre, kardiovaskuläre, respiratorische, elektrodermale und zentralnervöse Veränderungen (Vaitl, 2020).

Neuromuskuläre Veränderungen. Die Anspannung in der Skelettmuskulatur wird reduziert oder verschwindet sogar ganz bei gelungener Entspannung. Dadurch erschlafft die Arm-, Bein- und Rumpfmuskulatur. Die neuromuskulären Wirkungen können durch eine angemessene Körperhaltung unterstützt werden. Für Kinder ist es am günstigsten, wenn sie auf dem Rücken liegen, die Arme neben ihren Körper platzieren und die Beine nebeneinander legen. Besteht nur die Möglichkeit zum Sitzen, so sollen die Füße bequem nebeneinander auf dem Fußboden stehen können, Arme und Hände auf den Oberschenkeln liegen und eine gepolsterte Rückenlehne die Rumpfmuskulatur entlasten. Der Kopf darf nicht zu weit nach vorne auf die Brust fallen, aber auch nicht zu steif und gerade gehalten werden. Die neuromuskulären Veränderungen während einer Entspannungsübung werden subjektiv als *Schwere* in den Gliedern erlebt.

Kardiovaskuläre Veränderungen. Hiermit sind Auswirkungen auf das Herz-Kreislauf-System gemeint. Drei Effekte sind bisher gut untersucht worden: die Blutgefäßerweiterungen in den Armen und Beinen, die Abnahme der Herzrate sowie die Blutdrucksenkung. Die Blutgefäßerweiterung wird auch periphere Vasodilatation genannt; sie erfolgt in den Kapillaren, also in den feinsten Gefäßen unseres Körpers. Im Alltag kommt es zu natürlichen Gefäßerweiterungen und -verengungen (Vasokonstriktionen), beispielsweise in Abhängigkeit von der Umgebungstemperatur. Steigt diese an, dann erweitern sich die Blutgefäße reflexartig; kühlt die Außentemperatur ab, so verengen sie sich. Durch diese autonomen Gefäßveränderungen wird unser Körper abgekühlt oder erwärmt.

Gefäßveränderungen entstehen jedoch nicht nur durch äußere Reize, sondern können auch durch Lernprozesse bewirkt werden, nämlich zum Beispiel mithilfe einer Entspannungstechnik. Die *Erweiterung der Blutgefäße* wird durch gezielte Instruktionen ausgelöst, das heißt klassisch konditioniert. Dazu wird in den Kapitän-Nemo-Geschichten die Formel „Meine Arme sind ganz warm!" aus dem autogenen Training eingesetzt; analog lautet die Instruktion für die Beine. Durch diese konditionierte Gefäßerweiterung erhöht sich der Blutfluss, und diesen empfinden wir als Zunahme von Wärme in unseren Gliedern. Manchmal ist der erhöhte Blutfluss auch mit einem Kribbeln und Kitzeln in Händen und Füßen verbunden. Dieses Phänomen wird als positiv und nicht ängstigend empfunden. Das Wärmeempfinden wird nur dann zuverlässig und gleichmäßig über Arme und Beine verteilt erlebt, wenn regelmäßig, systematisch und immer mit demselben Entspannungsritual geübt wird. Unterstützend wirken eine angenehme, vor allem nicht zu kühle Außentemperatur sowie geeignete Fantasiebilder, beispielsweise das Schwimmen im warmen Meerwasser in den Kapitän-Nemo-Geschichten.

Der zweite kardiovaskuläre Effekt besteht in der *Abnahme der Herzrate;* der Puls, also die Anzahl der Herzschläge pro Minute, verlangsamt sich. Je nach Geübtheit mit einem Entspannungsverfahren kann der Puls um fünf bis acht Herzschläge pro Minute gesenkt werden.

Schließlich ist eine *Senkung des arteriellen Blutdruckes* bei erfolgreicher Anwendung einer Entspannungstechnik möglich. Es wurde bereits ausgeführt, dass sich durch Entspannungsverfahren die Blutgefäße erweitern. Der Gefäßwiderstand nimmt aufgrund dieser Erweiterung ab. Dies ist ein Grund für die Blutdrucksenkung.

Ein weiterer Grund besteht darin, dass sich die Blutmenge, die das Herz pro Minute auswirft, bei erfolgreich angewandter Entspannungsübung reduziert. Solche positiven physiologischen Prozesse beruhigen einen Menschen. Dies trägt dazu bei, dass das sympathische und parasympathische Nervensystem in einen Gleichgewichtszustand kommen.

Respiratorische Veränderungen. Dies bedeutet, dass die Atmung flacher und zudem gleichmäßiger wird, da das Volumen pro Atemzug und die Häufigkeit der Atemzüge abnehmen. Zugleich nimmt die Bauchatmung zu und die Brustkorbatmung ab. Dies kann bei einem liegenden Kind gut am Heben und Senken der Bauchdecke beobachtet werden.

Elektrodermale Veränderungen. Das sympathische Nervensystem, welches für körperliche Aktivierungsprozesse verantwortlich ist, wird durch eine gelungene Entspannung „beruhigt". Dadurch reduziert sich unter anderem die Tätigkeit der Schweißdrüsen. Man schwitzt also weniger. Ist auf der Haut weniger Schweiß, so geht die elektrische Leitfähigkeit der Haut zurück, wodurch der Hautwiderstand – messtechnisch betrachtet – ansteigt. Durch einfache Elektroden, die auf der Haut angebracht werden, können diese elektrischen Veränderungen der Haut als positive Entspannungseffekte nachgewiesen werden.

Zentralnervöse Veränderungen. Sie zeigen am zuverlässigsten von den bisher genannten physiologischen Auswirkungen eine positive Entspannungsreaktion an. Zentralnervöse Aktivitäten bestehen aus unterschiedlichen hirnelektrischen Tätigkeiten, die mithilfe der Elektroenzephalografie (EEG) als sogenannte Potenzialschwankungen (Wellenformen) an der Schädeloberfläche eines Menschen gemessen werden können. Die vier wichtigsten Typen von Potenzialschwankungen werden Alpha-, Beta-, Theta- und Delta-Wellen genannt, die in der Regel als Mischtypen auftreten. Überwiegendes Auftreten von *Delta-Wellen* zeigt einen Tiefschlafzustand an; *Beta-Wellen* hingegen stehen für körperliche, geistige und emotionale Aktivität, also für Anstrengung und Belastung, unabhängig jedoch davon, ob sie als positiv, neutral oder negativ erlebt werden. Schläfrigkeit und Dösen bezeichnen den Übergang vom Wachzustand zum Einschlafen; dieser wird durch die *Theta-Wellen* repräsentiert. Die *Alpha-Wellen* schließlich sind die charakteristischen Potenzialschwankungen für eine Person, die sich in einem entspannten Wachzustand befindet. Ist eine Person in der Anwendung eines Entspannungsverfahrens gut geübt, so weist sie die stabilsten Alpha-Wellen im EEG im Vergleich zu ungeübten Personen auf. Bei wenig geübten Personen mischen sich Alpha- und Theta-Wellen. Schläft jemand sogar während der Entspannung ein (Delta-Wellen), so muss von einer misslungenen Entspannungsübung gesprochen werden. Entspannungsverfahren als Einschlafhilfe anzuwenden bedeutet, erst nach der gesamten Entspannungsübung und nicht schon während derselben einzuschlafen. Der messtechnische Aufwand einerseits und die notwendige große Fachkompetenz hinsichtlich des korrekten „Lesens" der Potenzialschwankungen andererseits lassen erkennen, dass diese Nachweisführung von physiologischen Entspannungseffekten eher in der Forschung als in der (therapeutischen) Praxis anzutreffen ist.

Auswirkungen auf den Geist

Wiederholt wurde von psychophysiologischen Auswirkungen bei erfolgreicher Entspannung gesprochen. Die physiologischen Effekte sind differenziert dargestellt worden. Die psychischen Veränderungen umfassen kognitive, emotionale und Verhaltensänderungen, auf die im Folgenden eingegangen wird.

Kognitive Veränderungen, also Auswirkungen auf die Aufmerksamkeit und Wahrnehmung, stehen in engem Zusammenhang mit hirnelektrischen Aktivitäten, und zwar mit den Alpha-Wellen. Dieser entspannte Wachzustand erhöht die sogenannte selektive Aufmerksamkeit. Das bedeutet, dass von außen kommende Reize, wie Lärm, Licht oder Berührungen, nur noch schwach wahrgenommen werden, sich die Wahrnehmungsschwelle für Außenreize also erhöht. Deshalb können neuromuskuläre Reaktionen beispielsweise nicht mehr ohne Weiteres ausgelöst werden.

So gehen mit kognitiven Entspannungseffekten *zwei positive Veränderungen* einher: Zum einen wird die *Konzentrationsfähigkeit erhöht,* was eine günstige Ausgangslage für Informationsaufnahme, Informationsverarbeitungs- und Gedächtnisprozesse darstellt. Eine entspannte Person beschreibt sich deshalb als geistig frisch und ausgeruht. Zum anderen *verringert* die veränderte Wahrnehmungsschwelle das *Aktivitätsniveau* einer Person, da neuromuskuläre Reaktionen nicht mehr so leicht auslösbar sind. Dies äußert sich in motorischer Ruhe sowie in weniger häufig auftretendem impulsivem Verhalten. Die motorische Ruhe wird zusätzlich durch das Schwereempfinden bekräftigt. Solche positiven Auswirkungen von Entspannung bleiben nach Übungsende noch eine gewisse Zeit erhalten. Die Dauer hängt jedoch von der regelmäßigen Durchführung der Entspannungsübung ab.

Auswirkungen auf die Seele

Es sind *emotionale Reaktionen* gemeint, wie beispielsweise übermäßige Freude oder Ärger, Wut sowie Angst. Solche Gefühle treten nach gelungener Entspannung seltener und weniger ausgeprägt auf. Positive Gefühle und angenehme Empfindungen werden hingegen intensiviert, weswegen unangenehme Gefühle, wie Ängste oder negatives Stresserleben, reduziert oder bei entsprechender Übung sogar abgebaut werden können. Diese emotionalen Auswirkungen sind mit einem psychischen Erregungsabbau verbunden, da alle physiologischen, und zwar vor allem neuronale sowie kardiovaskuläre Erregungsprozesse vermindert werden. Eine entspannte Person fühlt sich dementsprechend ausgeglichen, und bei

Kindern kann beobachtet werden, dass sie *weniger* leicht *reizbar* sind und eine *erhöhte Frustrationstoleranz* gewinnen. Problematischem Verhalten fehlt damit die psychophysiologische Basis. Das bedeutet, dass seine Auftretenswahrscheinlichkeit sinkt. Allerdings bewirkt dies noch keine erkennbare Veränderung im Verhalten eines Kindes. Vielmehr muss es solche sozialen Fertigkeiten, Lernstrategien oder ein Stressbewältigungsverhalten erst erlernen und einüben. Die positiven psychophysiologischen Auswirkungen von Entspannung bilden jedoch eine sehr gute Grundlage für derartige, zeitlich der Entspannungsübung folgende Lernprozesse.

Gibt es negative Auswirkungen?

Die bisherigen Ausführungen erwecken den Eindruck, als ob Entspannungsmethoden keinerlei negative Effekte mit sich brächten. Wie bei jedem Medikament und jeder therapeutischen Methode muss jedoch die Frage nach Nebenwirkungen gestellt werden. Dies schmälert nicht die Bedeutung von Entspannungsverfahren; vielmehr soll mit dieser Frage die Aufmerksamkeit auf einen bewussten und verantwortlichen Einsatz von Entspannungsübungen, gerade mit Kindern, gelegt werden.

Ist eine Medikation oder ein therapeutisches Verfahren angezeigt *(Indikation)*, dann bedeutet dies, dass es zur Heilung beziehungsweise Verbesserung eines Krankheitszustandes entscheidend beiträgt. Zugleich darf eine effektive Behandlung keine gravierenden negativen Nebenwirkungen aufweisen. *Kontraindikation* bedeutet, dass eine Behandlung aufgrund spezifischer Merkmale einer Krankheit nicht nur ungeeignet, sondern darüber hinaus sogar schädlich ist.

Auf die vielfältigen Vorteile der Anwendung von Entspannungsübungen im Alltag sowie deren Grenzen wurde bereits ausführlich eingegangen. Im pädagogischen und therapeutischen Bereich dienen kindangemessene Entspannungstechniken, wie die Kapitän-Nemo-Geschichten, seit vielen Jahren als effektive Methode der „Vorbehandlung". *Nebenwirkungen,* die bei Jugendlichen und Erwachsenen hin und wieder auftreten können, sind bei Kindern die Ausnahme. Es handelt sich hierbei um paradoxe Entspannungsreaktionen, wie zum Beispiel durch Entspannung

- hervorgerufene Ängste,
- ansteigende Muskelanspannung oder
- erhöhte Herzfrequenz.

Kontraindikationen sind im Hinblick auf körperliche Erkrankungen sowie bezüglich psychischer Störungen zu betrachten. Vor der Durchführung von Entspannungsverfahren müssen folgende körperlichen Erkrankungen abgeklärt werden, und es muss gegebenenfalls mit einem Arzt Rücksprache gehalten werden:

- Asthma bronchiale
- Magen-Darm-Erkrankungen (besonders in einer akuten Phase)
- Herz-Kreislauf-Erkrankungen (z. B. angeborener Herzfehler)
- Anfallserkrankungen (wie Epilepsie)

Auch bei *psychischen Störungen* gibt es Kontraindikationen. Bei Kindern beziehen sich diese vor allem auf zwei unterschiedliche Problembereiche:

- zum einen auf depressive Störungen, die allerdings bei Kindern nur mit einer Häufigkeit von ein bis zwei Prozent auftreten;
- zum anderen bei hyperkinetischem Verhalten (ADHS).

Bei der *ADHS* liegen in unterschiedlicher Kombination folgende Kernsymptome vor: Aufmerksamkeitsstörung, Über- bzw. Hyperaktivität und Impulsivität. Es handelt sich also um die „Zappelphilippe", die Konzentrationsschwierigkeiten haben und unüberlegt, da zu schnell (impulsiv) handeln. Deswegen haben diese Kinder in der Folge auch häufig Schulprobleme. Nun sollte man meinen, dass gerade diese Kinder ein Entspannungsverfahren gut vertragen könnten. „Ja" und „Nein" lautet die Antwort. Die Wirkung eines

Entspannungsverfahrens ist von der Ursache der ADHS abhängig. Natürlich gibt es nicht nur eine Ursache, sondern ein ganzes Bündel davon. Wird jedoch bei einem Kind mit ADHS unter anderem auch von einer Unterstimulation des Frontalhirnbereiches ausgegangen, so sollte ein Entspannungsverfahren mit großer Vorsicht eingesetzt oder sogar ganz darauf verzichtet werden. Einen Hinweis auf eine neuronale Unterstimulation gibt die Medikamentengabe von Psychostimulanzien (z.B. mit dem Handelsnamen Ritalin) – eine kompetente ärztliche Diagnose vorausgesetzt.

Liegt bei einem „Zappelphilipp"-Kind keine differenzierte Diagnose mit Hinweisen auf neuronale Unterstimulation als eine mögliche Ursache vor und erhält dieses Kind keine Stimulanzientherapie, so sollte ein Entspannungsverfahren vorsichtig testend etwa zwei- bis dreimal eingesetzt werden. Reagiert das Kind dann paradox, das heißt anstatt mit motorischer Ruhe mit erhöhter Aktivität während der Entspannung, so ist *jede* Entspannungstechnik zu beenden sowie ärztliche und psychotherapeutische Beratung sehr empfehlenswert.

Wie sag' ich's meinem Kind?

Wenn Sie sich entschieden haben, Ihrem Kind die Kapitän-Nemo-Geschichten vorzulesen, dann sollten Sie Ihr Kind nicht damit überfallen. Nehmen Sie sich vor dem ersten Lesen einer Unterwassergeschichte ein paar Minuten Zeit sowie ein bebildertes Buch von einer Unterwasserwelt zur Hand und strukturieren Sie die Fantasie Ihres Kindes positiv. Eine Hilfe geben Ihnen hierzu die Ausführungen „Für die kleinen Gäste vom großen Kapitän", welche für „selbstlesende" Kinder gedacht sind.

Für Kinder ist es hilfreich, an eigenen, positiven Erfahrungen mit Wasser, Baden und Schwimmen anzuknüpfen. Für die Durchführung der Entspannungsübung ist weiterhin eine störungsfreie Umgebung und Situation im Tagesablauf wichtig. Helfen Sie Ihrem Kind zudem, die richtige Liege- oder Sitzposition einzunehmen. Diese sind auf Seite 38f. beschrieben. Lassen Sie hierbei das Kind wählen. Sprechen Sie beim Vorlesen langsam und mit abgesenkter, leiser Stimme. Es darf mit ruhiger Monotonie vorgelesen werden. Bevor Sie beginnen, beachten Sie noch eine wichtige Sache: Fragen Sie Ihr Kind, ob es vorher noch zur Toilette muss. Denn: Eine volle Blase und Entspannung vertragen sich schlecht, wie übrigens auch ein „voller Bauch" und Entspannung. Fordern Sie Ihr Kind schließlich auf, die Augen zu schließen oder zumindest einen Punkt zu fixieren, bei dem es die Augenlider senken muss.

Mehr als ein Wort zum Schluss

Die bisherigen Ausführungen verdeutlichen die Chancen und positiven Auswirkungen, die mit dem Einsatz der Kapitän-Nemo-Geschichten gegeben sind. Eltern, Pädagogen in Kindergärten, Schulen und anderen Einrichtungen sowie Kindertherapeuten berichten immer wieder davon, dass die Kapitän-Nemo-Geschichten von den Kindern nicht nur positiv, sondern oftmals begeistert aufgenommen werden und für eine Zeit lang hilfreiche Wegbegleiter eines Kindes und manchmal seiner Familie sind.

Fragen Sie Ihr Kind immer wieder am Ende einer Kapitän-Nemo-Geschichte, wie es den Unterwasserausflug erlebt und sich die Unterwasserwelt in der Fantasie weiter ausgemalt hat. Oftmals ergeben sich daraus Gesprächsanlässe. Kapitän Nemo kann Ihnen weder Ihre Erziehungsaufgabe noch Ihre Erziehungsverantwortung abnehmen. Er kann jedoch Chancen und Perspektiven eröffnen, die einen günstigen Startpunkt für neue Entwicklungen beim Kind und in der Familie markieren. In diesem Sinne wünsche ich viel Spaß bei diesen und anderen Tauchmanövern im Leben!

Für die kleinen Gäste vom großen Kapitän

Was sind die Kapitän-Nemo-Geschichten?

Bei den Kapitän-Nemo-Geschichten handelt es sich um Fortsetzungsgeschichten mit zwei Hauptpersonen, die von Reisen durch die Meere dieser Welt berichten. Genauer gesagt sind es Unterwassergeschichten mit zwei Hauptpersonen. Die eine Hauptperson ist Kapitän Nemo, die zweite Hauptperson bist du. Kapitän Nemo fährt schon seit vielen Jahren mit seinem Unterwasserboot Nautilus durch alle Weltmeere. Er kennt sich hervorragend in den Weltmeeren aus. Manchmal lädt er Gäste in sein Unterwasserboot Nautilus ein, am liebsten Kinder. Denn Kinder interessieren sich für alles, was ihnen Kapitän Nemo zeigen kann, sei es vom Unterwasserboot aus, sei es auf den vielen Unterwasserausflügen.

Die Unterwasserausflüge gehören zu den schönsten Erlebnissen mit Kapitän Nemo auf der Weltreise unter Wasser. Während der Unterwasserausflüge kann man viel erleben und Spaß haben. Kapitän Nemo taucht nur in bestimmten Weltmeeren, nämlich dort, wo das Wasser nicht tief, von der Sonne hell durchflutet und angenehm erwärmt ist. Kapitän Nemo taucht auch immer nur in *den* Weltmeeren, in denen keine gefährlichen Fische und Tiere umherschwimmen, die Taucher bedrohen könnten. Niemand braucht also Angst zu bekommen.

Wichtig ist, dass man sich vor einem Unterwasserausflug gut vorbereitet; dazu werden ein Taucheranzug und Schwimmflossen angezogen und Taucherbrille und Sauerstoffflasche aufgesetzt. Dieser Teil der Geschichten heißt: *Vorbereitungen für den Unterwasserausflug.*

Diese Vorbereitungen sind immer in derselben Weise erzählt. Warum? Nun, überlege einmal! Wenn du Vorbereitungen für eine Reise triffst, dann packst du immer einen Koffer mit den wichtigsten Dingen, wie zum Beispiel Zahnbürste, Hose zum Wechseln und so weiter. Oder packst du etwa für eine Reise einmal den Koffer, ein andermal die Schultasche, das nächste Mal die Einkaufstasche und schließlich die Sporttasche? Es gibt noch einen Grund, warum die Vorbereitungen für den Unterwasserausflug immer gleich beschrieben sind: Du kannst dich dadurch sehr leicht auf die Kapitän-Nemo-Geschichten einstellen. Und das ist wichtig, wenn es dann mit dem Unterwasserausflug losgeht.

Den Start eines Unterwasserausfluges kannst du leicht erkennen, da jede Geschichte einen Namen hat. Der Name verrät dir schon ein wenig, was dich auf dem Unterwasserausflug erwartet. Du wirst 14 Unterwasserausflüge erleben:

Die Unterwasserausflüge

- Der Korallenwald
- Die Delfinherde
- Die warme Unterwasserfontäne
- Der Delfinritt
- Die Schatzkarte
- Die Schatzsuche
- Die Seepferdchenherde
- Die Unterwasserstadt Atlantis
- Die Riesenschildkröten
- Die Muschelsuche
- Die Walfamilie
- Der Unterwasserwald
- Das versunkene Piratenschiff
- Die Unterwasserhöhle

Nun liest du noch etwas Wichtiges zum Unterwasserboot Nautilus: Es hat eine spezielle Ausstiegsluke, durch die Kapitän Nemo und du in das Wasser gleiten können. Diese Ausstiegsluke ist so gebaut, dass das Wasser nicht in das Innere des Unterwasserbootes Nautilus eindringen kann. Überhaupt ist das Unterwasserboot Nautilus ein ganz ungewöhnliches Unterwasserboot, denn es ist sehr groß und geräumig. Man könnte problemlos sieben Klassenzimmer darin unterbringen. Aber Kapitän Nemo hat bestimmt nicht an die Schule gedacht, als er sein Unterwasserboot gebaut hat. Vielmehr wollte er es für sich und seine Gäste bequem haben, da eine Unterwasserreise viel Zeit in Anspruch nimmt und man eine ganze Weile in den Weltmeeren unterwegs ist.

Was wollen die Kapitän-Nemo-Geschichten?

Dies ist für dich vielleicht eine komische Frage. Aber die Kapitän-Nemo-Geschichten haben tatsächlich ein Ziel. Sie wollen dir nämlich helfen, dass du dich angenehm ruhig und nicht aufgeregt fühlst. Dadurch kannst du dich dann besser konzentrieren, länger ruhig sitzen bleiben, dich so wohl fühlen, dass du kaum mehr Angst hast oder auch besser einschlafen kannst. Kinder, die die Kapitän-Nemo-Geschichten regelmäßig lesen oder vorgelesen bekommen, schaffen es, in der Schule besser aufzupassen, vor Klassenarbeiten weniger aufgeregt zu sein und überhaupt weniger Ärger mit Klassenkameraden, Lehrern, Freunden oder Eltern zu haben. Das klingt ja fast wie Zauberei. Die gibt es jedoch nur im Zirkus oder im Varieté. Und so sind die Kapitän-Nemo-Geschichten keine Zaubergeschichten; denn die Kinder, die das schaffen, wollen unbedingt diese Ziele erreichen und lesen deshalb zwei- oder dreimal in der Woche eine Geschichte. Die Ruhe, die sie durch die Kapitän-Nemo-Geschichten erreichen, und der Kapitän-Nemo-Spruch helfen ihnen. Du merkst also, es gibt zwar so eine Art Zauberspruch, aber dennoch keine Zauberei. Viele Kinder fühlen sich durch die Kapitän-Nemo-Geschichten unterstützt und sie finden sie deshalb gut. Sie stellen sich vor, dass sie den Taucheranzug anhaben, wenn sie in schwierigen Situationen sind. Der Taucheranzug hüllt sie rundherum ein und schützt sie. Dadurch können sie ruhig bleiben. Wenn man ruhig bleibt, kann man besser nachdenken und hat viel mehr Kraft und Energie für das, was man an Aufgaben zu erledigen hat oder an Zielen erreichen will. Wenn sich Kinder vorstellen, dass sie den Taucheranzug anhaben, sagen sie gleichzeitig zu sich den Kapitän-Nemo-Spruch:

Nur ruhig Blut, dann geht alles gut!

Wo, wie und wann werden die Kapitän-Nemo-Geschichten gelesen?

Dies ist nämlich nicht unwichtig. Wenn du die Geschichten selbst liest, dann suche dir eine bequeme Sitzhaltung aus, beispielsweise auf dem Bett oder Fußboden. Lehne den Rücken irgendwo an und strecke die Beine aus. Ein gerolltes Kissen unter den Knien und ein weiches Kissen im Rücken geben dir Halt sowie ein kuscheliges Gefühl. So kannst du auch das Buch bequem zum Lesen auf deine Oberschenkel legen. Wichtig ist, dass du immer nur *eine* Geschichte liest und nicht alle auf einmal. Außerdem solltest du die Geschichten der Reihe nach lesen, also nicht durcheinander. Erst wenn du alle einmal gelesen hast und du Geschichten ein zweites, drittes Mal oder noch öfter liest (oder dir vorlesen lässt), dann kannst du den Unterwasserausflug auswählen, auf den du gerade die meiste Lust hast. Du musst dir auch Zeit zum Lesen nehmen und dir die Geschichte dabei genau vorstellen.

Als Erstes suchst du dir also einen *ruhigen Ort* aus, an dem dich niemand stört. Beispielsweise setzt du dich auf dein Bett. Es ist auch *nicht* hilfreich für dich, wenn das Radio, der Fernseher angeschaltet oder andere Geräusche im Raum sind und dich ablenken. Wenn dir jemand eine Geschichte vorliest, dann lege dich am besten auf den Rücken, die Beine nebeneinander, die Arme neben deinen Körper und schließe die Augen. So kannst du dir die Unterwassergeschichten am besten vorstellen und du erlebst es so, als ob du wirklich mit Kapitän Nemo auf Unterwasserreise wärst.

Die zweite Frage ist, *wie* sollst du lesen? Es geht hier nicht um einen „Schnell-Lese-Wettbewerb"! Deshalb lese langsam! Bei den Unterwasserreisen hast du viel Zeit. Unter Wasser bewegt sich die Welt langsam voran.

Als Drittes geht es um die Frage, *wann* eine Kapitän-Nemo-Geschichte gelesen werden soll: Am Tag gibt es zwei Ereignisse, bei denen es für dich wichtig sein kann, ruhig zu werden. Das ist *vor* den Hausaufgaben und *vor* dem Einschlafen. Deshalb sind dies die beiden Gelegenheiten, vor denen du eine Kapitän-Nemo-Geschichte lesen oder vorgelesen bekommen kannst. Je nachdem, ob du vor den Hausaufgaben oder vor dem Einschlafen eine Kapitän-Nemo-Geschichte liest, endet die Geschichte etwas anders. Du erkennst es leicht am Ende eines jeden Unterwasserausfluges. Dort gibt es nämlich zwei blaue Kästen:

- Der erste ist dafür da, dass du *nicht* einschläfst. Führe die Übung in der Reihenfolge durch, die dort steht: strecken und bewegen, ohne aufzustehen, tief Luft holen und zum Schluss Augen öffnen und umherschauen.
- Der zweite blaue Kasten sagt dir, wie du vom Unterwasserausflug weiterträumst und ruhig dabei einschläfst.

Möchtest du also einschlafen, nachdem du eine Geschichte gelesen oder vorgelesen bekommen hast, dann ist es *wichtig,* dass du schon *vollständig bettfertig* bist: also nicht mehr aufstehen musst, um Zähne zu putzen, zur Toilette zu gehen usw. Du brauchst nun nämlich nur die Kapitän-Nemo-Geschichten auf den Nachttisch legen und deine Nachttischlampe ausschalten. Dann kannst du dich in „deine Koje rollen" und schläfst bald träumend ein.

Nun wünsche ich dir viel Spaß auf der Unterwasserreise mit Kapitän Nemo und seinem Unterwasserboot Nautilus.

Die Unterwasserausflüge

Der Korallenwald

Vorbereitungen für den ersten Unterwasserausflug

Stelle dir vor, du bist von Kapitän Nemo in sein Unterwasserboot Nautilus eingeladen worden. Ihr fahrt gemeinsam durch alle Weltmeere und seht viele wunderschöne Dinge unter Wasser. Die schönsten Stunden sind immer die, wenn Kapitän Nemo dich auf seine Unterwasserausflüge mitnimmt.

Dazu ziehst du einen speziellen Taucheranzug an. Er hat eine besondere Wirkung auf dich. Du merkst schon beim Anziehen, dass du vollkommen ruhig wirst.

Zuerst steigst du mit einem Bein in den Taucheranzug. Du merkst und sagst zu dir: *Mein Bein ist ganz ruhig.* Dann kommt das andere Bein dran. Auch dieses Bein wird ganz ruhig. Du sagst zu dir: *Mein anderes Bein ist ganz ruhig.* Du ziehst deinen Taucheranzug über den Po und den Rücken herauf. Dann schlüpfst du mit dem einen Arm in den Taucheranzug, und du sagst zu dir: *Mein Arm ist ganz ruhig.* Du ziehst den anderen Arm an und er wird auch vollkommen ruhig. Du sagst zu dir: *Mein anderer Arm ist ganz ruhig.* Du ziehst noch die Kapuze über den Kopf und machst den Reißverschluss vorne zu. Jetzt bist du von dem Taucheranzug rundherum eingehüllt und geschützt. Du fühlst dich in dem weiten und bequemen Taucheranzug wohl, sicher und vollkommen ruhig.

Zum Schluss ziehst du noch die Schwimmflossen an, setzt die Taucherbrille auf und Kapitän Nemo hilft dir, das Sauerstoffgerät auf den Rücken zu nehmen. Du nimmst das Mundstück in den Mund, so wie es dir Kapitän Nemo gezeigt hat, und jetzt bist du für den Unterwasserausflug mit Kapitän Nemo bereit.

Der erste Unterwasserausflug: Der Korallenwald

Nacheinander gleiten Kapitän Nemo und du durch die Ausstiegsluke des Nautilus ins Wasser. Du landest weich auf dem feinen, weißen Sand des Meeresbodens. Heute will dir Kapitän Nemo einen Korallenwald zeigen. Er führt dich durch die Unterwasserwelt, in der es viele wundersame Tiere gibt. Das Wasser ist hell, warm und sonnendurchflutet; Steine und Fische leuchten in bunten Farben. Die Fische schwimmen ruhig und sicher an dir vorbei. Du fühlst dich ebenfalls vollkommen ruhig und sicher, denn du hast deinen schützenden Taucheranzug an, der dich ganz einhüllt.

So gleitest du neben Kapitän Nemo durch das Wasser. In der Ferne siehst du plötzlich Farben leuchten. Ihr schwimmt darauf zu. Ein kleiner heller Wald taucht vor dir auf. Seine Bäume haben weiße und orangene Äste, aber keine Blätter. Andere Bäumchen schimmern in den Farben Rot und Lila. Zwischen den kleinen Ästen und Zweigen siehst du rote Blumen, die im Wasser hin- und herbewegt werden. Dadurch öffnen und schließen sich ihre Blütenkelche immer wieder. Die Pflanzen im Korallenwald haben schöne Namen, die dir Kapitän Nemo vor dem Unterwasserausflug gesagt hat: Seerosen, Erdbeerrosen, Seenelken, Seeanemonen.

Je näher du darauf zukommst, umso mehr erscheint es dir, als ob diese Blumen lebendig seien. Langsam lassen sie im Wasser ihre Äste und Arme hin- und herpendeln, als ob sie sehr schwer wären. Da bemerkst du, dass deine Arme im Wasser auch auf besondere Art schwer werden. Du sagst zu dir: *Mein einer Arm ist auf besondere Art im Wasser schwer! Mein einer Arm ist auf besondere Art schwer!* Du schaust auf die Blumen und Bäumchen des Korallenwaldes, die langsam hin- und herpendeln, als ob sie eine sehr schwere Last zu tragen hätten. Auch bei deinem anderen Arm stellst du die besondere Schwere fest, und du sagst zu dir: *Mein anderer Arm ist auf besondere Art im Wasser schwer! Mein anderer Arm ist auf besondere Art schwer!*

Du bist nun ganz dicht an einige Korallen heran geschwommen und berührst die Blumen vorsichtig. Kapitän Nemo zeigt dir, welche du berühren darfst. Du hast dabei ein schönes Gefühl in den Fingerspitzen. Es ist, als ob dich jemand leicht und liebevoll streicheln würde. Du schwimmst ruhig und sicher hinter Kapitän Nemo her zu einem nächsten Korallenhügel. Dabei spürst du wieder die besondere Wirkung des Wassers. Du sagst zu dir: *Meine beiden Arme sind auf besondere Art im Wasser schwer! Meine beiden Arme sind auf besondere Art schwer!*

Kapitän Nemo gibt dir das Zeichen, dass ihr zum Unterwasserboot Nautilus zurückschwimmen müsst. Ihr verlasst den Korallenwald. Du schaust dich zum Abschied noch einmal nach den Korallenblumen und -bäumchen um. Du hast den Eindruck, als ob die Blumen dir zum Abschied zuwinken würden. Dabei sagst du noch einmal zu dir: *Ich bin ganz ruhig und meine beiden Arme sind auf besondere Art im Wasser schwer! Ich bin ganz ruhig und meine beiden Arme sind auf besondere Art schwer!* Dies fällt dir automatisch ein, wenn du die Blumen und Bäumchen des Korallenwaldes betrachtest. Durch das helle, warme Wasser schwimmt ihr zum Unterwasserboot Nautilus zurück. Du freust dich, dass euch ein paar Fische aus dem Korallenwald noch ein Stück begleiten. Da taucht das Unterwasserboot vor euch auf. Ruhig, sicher und auf besondere Art angenehm schwer schwimmst du darauf zu. Beim Nautilus angekommen, steigst du durch die Luke in das Unterwasserboot hinein.

Willst du **nicht einschlafen,** weil du z. B. nun Hausaufgaben erledigen möchtest, dann geht die Geschichte so zu Ende:

Es ist so, als ob du aus einem schönen Traum erwachen würdest. Du beugst und streckst deine Arme und Beine. Nun holst du tief Luft und atmest sie langsam wieder aus, und du atmest noch einmal tief ein und wieder aus.

Wenn dir jemand die Geschichte vorgelesen hat und du mit geschlossenen Augen zugehört hast, dann wird es nun höchste Zeit, die Augen wieder zu öffnen.

Stehe nicht sofort auf, sondern warte noch einen Moment und richte dich dann erst langsam auf.

Willst du aber nun **einschlafen,** dann geht die Geschichte so zu Ende:

Du bist von dem Unterwasserausflug angenehm müde geworden. Kapitän Nemo hilft dir beim Ablegen des Sauerstoffgerätes, der Schwimmflossen, des Taucheranzuges und der Taucherbrille; sodann begleitet er dich bis zu deiner Koje, in die du dich hineinrollst und sofort in einen ruhigen Schlaf fällst und noch etwas vom Unterwasserausflug weiterträumst.

Die Delfinherde

Vorbereitungen für den zweiten Unterwasserausflug

Stelle dir vor, du bist von Kapitän Nemo in sein Unterwasserboot Nautilus eingeladen worden. Ihr fahrt gemeinsam durch alle Weltmeere und seht viele wunderschöne Dinge unter Wasser. Die schönsten Stunden sind immer die, wenn Kapitän Nemo dich auf seine Unterwasserausflüge mitnimmt.

Dazu ziehst du einen speziellen Taucheranzug an. Er hat eine besondere Wirkung auf dich. Du merkst schon beim Anziehen, dass du vollkommen ruhig wirst.

Zuerst steigst du mit einem Bein in den Taucheranzug. Du merkst und sagst zu dir: *Mein Bein ist ganz ruhig.* Dann kommt das andere Bein dran. Auch dieses Bein wird ganz ruhig. Du sagst zu dir: *Mein anderes Bein ist ganz ruhig*. Du ziehst deinen Taucheranzug über den Po und den Rücken herauf. Dann schlüpfst du mit dem einen Arm in den Taucheranzug, und du sagst zu dir: *Mein Arm ist ganz ruhig.* Du ziehst den anderen Arm an und er wird auch vollkommen ruhig. Du sagst zu dir: *Mein anderer Arm ist ganz ruhig.* Du ziehst noch die Kapuze über den Kopf und machst den Reißverschluss vorne zu. Jetzt bist du von dem Taucheranzug rundherum eingehüllt und geschützt. Du fühlst dich in dem weiten und bequemen Taucheranzug wohl, sicher und vollkommen ruhig.

Zum Schluss ziehst du noch die Schwimmflossen an, setzt die Taucherbrille auf und Kapitän Nemo hilft dir, das Sauerstoffgerät auf den Rücken zu nehmen. Du nimmst das Mundstück in den Mund, so wie es dir Kapitän Nemo gezeigt hat, und jetzt bist du für den Unterwasserausflug mit Kapitän Nemo bereit.

Der zweite Unterwasserausflug: Die Delfinherde

Nacheinander gleiten Kapitän Nemo und du durch die Ausstiegsluke des Nautilus ins Wasser. Du landest weich auf dem feinen, weißen Sand des Meeresbodens. Heute will Kapitän Nemo mit dir einen Ausflug zu einer Delfinherde machen. Er kennt genau die Meeresstelle, an der sich die Delfine am liebsten tummeln. Ihr gleitet beide durch das helle, warme Wasser. Die Sonne durchflutet das Wasser; Steine und Fische leuchten in den buntesten Farben. Die Fische schwimmen ruhig und sicher an dir vorbei. Du fühlst dich ebenfalls vollkommen ruhig und sicher im Wasser, denn du hast deinen schützenden Taucheranzug an, der dich ganz einhüllt.

Kapitän Nemo und du schwimmen an vielen bunten Fischen vorbei, und in der Ferne seht ihr eine Schildkröte ruhig durch das Wasser schweben. Du entdeckst auch eine schöne Unterwasserblume, die deine Lieblingsfarbe hat. Während du ruhig neben Kapitän Nemo schwimmst und alles ganz genau betrachtest, merkst du die besondere Wirkung des Wassers, und zwar zuerst bei deinen Armen. Du sagst zu dir: *Mein einer Arm ist auf besondere Art im Wasser schwer! Mein einer Arm ist auf besondere Art schwer!* Auch bei deinem anderen Arm bemerkst du die Wirkung des Wassers, und du sagst zu dir: *Mein anderer Arm ist auf besondere Art im Wasser schwer! Mein anderer Arm ist auf besondere Art schwer!*

Kapitän Nemo winkt dir zu, damit du zu ihm kommst, denn ihr seid an der Meeresstelle angekommen, wo sich eine große Herde von Delfinen tummelt. Ihr setzt euch beide auf einen großen Stein, um die Delfinherde zu beobachten. Sie schwimmen lustig durcheinander, und es sieht aus, als ob sie miteinander spielten. Sie stupsen sich gegenseitig mit ihren langen Nasen an und spielen wie Kinder Nachlaufen. Die Herde hat auch Baby-Delfine, die ganz nah am Bauch ihrer Mutter schwimmen. Sie fühlen sich dort ruhig, sicher und geborgen. Du sitzt neben Kapitän Nemo und fühlst dich ebenfalls ruhig, sicher und geborgen, mit angenehm schweren

Armen. Du sagst zu dir: *Meine beiden Arme sind auf besondere Art im Wasser schwer! Meine beiden Arme sind auf besondere Art schwer!*

Nach einer gewissen Zeit haben sich die Delfine an dich und Kapitän Nemo gewöhnt. Die Delfinbabys schwimmen nun auch weiter weg von ihren Müttern. Ein Baby kommt vorsichtig auf dich zu geschwommen. Kapitän Nemo lacht dir ermunternd zu und gibt dir Zeichen, ruhig sitzen zu bleiben und abzuwarten. In diesem Moment fällt dir der Spruch ein, den dir Kapitän Nemo einmal sagte: *„Nur ruhig Blut, dann geht alles gut!"* Er meinte, dass ihm dieser Spruch bei den unterschiedlichsten Ereignissen schon oft geholfen habe; zum Beispiel, wenn er wütend war oder ängstlich und unsicher, aber auch wenn er Geduld brauchte und nicht blitzschnell etwas tun durfte. In Gedanken sagst du den Kapitän-Nemo-Spruch nun zu dir selbst; ruhig und gelassen siehst du dem Delfinbaby entgegen. Es schwimmt ein paar Mal um dich herum, als wollte es dich genau kennen lernen. Dann stupst es deine Hände mit seiner Schnauze liebevoll an und streichelt dich damit. Du freust dich riesig über das zutrauliche Delfinbaby. Ein größerer Delfin kommt nun auch in eure Nähe geschwommen. Es ist sicherlich die Mutter des kleinen Delfinbabys. Das Delfinbaby schwimmt zu seiner Mutter, dreht sich noch einmal kurz um und bewegt seinen Kopf hin und her, als ob es auf Wiedersehen sagen und damit winken würde.

Kapitän Nemo gibt dir nun das Zeichen, dass ihr zum Unterwasserboot Nautilus zurückkehren müsst. Ihr erhebt euch von eurem schönen großen, warmen Stein und verlasst die Delfinherde. Einige Male blickst du noch zu ihr zurück. Dabei merkst du, dass du dich so ruhig und sicher im Wasser bewegst wie die Delfine. Neben deinen Armen sind nun auch deine Beine auf besondere Art im Wasser schwer geworden. Du bemerkst es zuerst bei deinem einen Bein und sagst zu dir: *Mein eines Bein ist auf besondere Art im Wasser schwer! Mein eines Bein ist auf besondere Art schwer!* Diese Wirkung stellst du auch bei deinem anderen Bein fest, und du sagst zu dir: *Mein anderes Bein ist auf besondere Art im Wasser schwer! Mein anderes Bein ist auf besondere Art schwer!* Du gleitest neben Kapitän Nemo ruhig, sicher, am ganzen Körper auf besondere Art angenehm schwer durch das Wasser. Das Wasser ist hell, warm und die Sonne scheint hindurch. Ein kleiner Schwarm von Fischen begleitet euch wieder zurück zum Unterwasserboot Nautilus. Du fühlst dich wohl und guter Stimmung. Da taucht das Unterwasserboot Nautilus vor euch auf. Dort angekommen, steigst du durch die Luke in das Unterwasserboot hinein.

Willst du **nicht einschlafen,** weil du z. B. nun Hausaufgaben erledigen möchtest, dann geht die Geschichte so zu Ende:

Es ist so, als ob du aus einem schönen Traum erwachen würdest. Du beugst und streckst deine Arme und Beine. Nun holst du tief Luft und atmest sie langsam wieder aus, und du atmest noch einmal tief ein und wieder aus.

Wenn dir jemand die Geschichte vorgelesen hat und du mit geschlossenen Augen zugehört hast, dann wird es nun höchste Zeit, die Augen wieder zu öffnen.

Stehe nicht sofort auf, sondern warte noch einen Moment und richte dich dann erst langsam auf.

Willst du aber nun **einschlafen,** dann geht die Geschichte so zu Ende:

Du bist von dem Unterwasserausflug angenehm müde geworden. Kapitän Nemo hilft dir beim Ablegen des Sauerstoffgerätes, der Schwimmflossen, des Taucheranzuges und der Taucherbrille; sodann begleitet er dich bis zu deiner Koje, in die du dich hineinrollst und sofort in einen ruhigen Schlaf fällst und noch etwas vom Unterwasserausflug weiterträumst.

Die warme Unterwasserfontäne

Vorbereitungen für den dritten Unterwasserausflug

Stelle dir vor, du bist von Kapitän Nemo in sein Unterwasserboot Nautilus eingeladen worden. Ihr fahrt gemeinsam durch alle Weltmeere und seht viele wunderschöne Dinge unter Wasser. Die schönsten Stunden sind immer die, wenn Kapitän Nemo dich auf seine Unterwasserausflüge mitnimmt.

Dazu ziehst du einen speziellen Taucheranzug an. Er hat eine besondere Wirkung auf dich. Du merkst schon beim Anziehen, dass du vollkommen ruhig wirst.

Zuerst steigst du mit einem Bein in den Taucheranzug. Du merkst und sagst zu dir: *Mein Bein ist ganz ruhig.* Dann kommt das andere Bein dran. Auch dieses Bein wird ganz ruhig. Du sagst zu dir: *Mein anderes Bein ist ganz ruhig.* Du ziehst deinen Taucheranzug über den Po und den Rücken herauf. Dann schlüpfst du mit dem einen Arm in den Taucheranzug, und du sagst zu dir: *Mein Arm ist ganz ruhig.* Du ziehst den anderen Arm an und er wird auch vollkommen ruhig. Du sagst zu dir: *Mein anderer Arm ist ganz ruhig.* Du ziehst noch die Kapuze über den Kopf und machst den Reißverschluss vorne zu. Jetzt bist du von dem Taucheranzug rundherum eingehüllt und geschützt. Du fühlst dich in dem weiten und bequemen Taucheranzug wohl, sicher und vollkommen ruhig.

Zum Schluss ziehst du noch die Schwimmflossen an, setzt die Taucherbrille auf und Kapitän Nemo hilft dir, das Sauerstoffgerät auf den Rücken zu nehmen. Du nimmst das Mundstück in den Mund, so wie es dir Kapitän Nemo gezeigt hat, und jetzt bist du für den Unterwasserausflug mit Kapitän Nemo bereit.

Der dritte Unterwasserausflug: Die warme Unterwasserfontäne

Nacheinander gleiten Kapitän Nemo und du durch die Ausstiegsluke des Nautilus ins Wasser. Du landest weich auf dem feinen, weißen Sand des Meeresbodens. Kapitän Nemo will heute mit dir warme Unterwasserquellen besuchen. Er führt dich sicher durch die Unterwasserwelt, denn er kennt sich sehr gut aus. Du schwimmst mit ihm durch das Wasser, vorbei an Unterwasserpflanzen, Fischen und Seepferdchen. Das Wasser ist hell und warm, die Sonne durchflutet es, und Steine wie Fische leuchten in bunten Farben. Die Fische schwimmen ruhig und sicher an dir vorbei.

Du fühlst dich ebenfalls vollkommen ruhig und sicher durch deinen schützenden Taucheranzug und im Wasser auf eine besondere Art angenehm schwer. Du merkst es wieder zuerst bei deinen Armen und sagst zu dir: *Mein einer Arm ist auf besondere Art im Wasser schwer! Mein einer Arm ist auf besondere Art schwer!* Auch bei deinem anderen Arm bemerkst du dies und du sagst zu dir: *Mein anderer Arm ist auf besondere Art im Wasser schwer! Mein anderer Arm ist auf besondere Art schwer!*

Ihr schwimmt in ein großes Tal mit niedrigen, schmalen Türmchen. Dabei merkst du, dass das Wasser immer wärmer wird. Eine Fischart, die du noch nie gesehen hast, hält sich hier besonders gerne auf. Der ganze Boden ist voll mit dichten, bunten Pflanzen. Sie sind mittelgroß und haben viele Grüntöne in ihren Blättern. Während du neben Kapitän Nemo durch dieses wundervolle Tal gleitest, bemerkst du die besondere Schwere im Wasser auch an deinen Beinen. Du sagst zu dir: *Mein eines Bein ist auf besondere Art im Wasser schwer! Mein eines Bein ist auf besondere Art schwer!* Auch bei deinem anderen Bein spürst du diese besondere Wirkung des Wassers, und du sagst zu dir: *Mein anderes Bein ist auf besondere Art im Wasser schwer! Mein anderes Bein ist auf besondere Art schwer!* Du fühlst dich jetzt am ganzen Körper ruhig, sicher und auf besondere Art im Wasser schwer. Du sagst zu dir: *Meine Arme und*

Beine sind auf besondere Art im Wasser schwer! Meine Arme und Beine sind auf besondere Art schwer!

Woher ist das Wasser wohl so warm? Du erinnerst dich, dass dir Kapitän Nemo vor dem Beginn des Unterwasserausfluges erzählt hat, dass es unter Wasser genauso wie auf dem Land heiße Quellen gibt. Diese heißen Quellen erwärmen das Wasser in der Umgebung. Kapitän Nemo schwimmt mit dir zu einem flachen Türmchen, aus dem, wie aus einem Springbrunnen, in einer kleinen Fontäne angenehm warmes Wasser heraussprudelt. Kapitän Nemo nimmt dich an der Hand und schwimmt mit dir zu diesem Türmchen. Ihr setzt euch am Rand des Türmchens in den weichen, weißen Sand und lasst euch von den warmen Wellen der kleinen Fontäne Arme und Beine bespülen. Dabei bemerkst du, wie deine Arme noch wärmer werden, und du sagst zu dir: *Mein einer Arm ist ganz warm! Mein einer Arm ist ganz warm!* Auch bei deinem anderen Arm bemerkst du dies und du sagst zu dir: *Mein anderer Arm ist ganz warm! Mein anderer Arm ist ganz warm!*

Da siehst du in einigen Metern Entfernung eine hohe, in allen Farben schimmernde Unterwasserfontäne aus einem der Türmchen heraussprudeln. Diese Fontäne sieht wie ein Regenbogen aus, der jedoch aus Wasser besteht.

Sie sprudelt nicht immer, sondern alle zehn Minuten schießt eine Wasserfontäne zwei Meter hoch aus ihrer Öffnung heraus. Kapitän Nemo hat dir davon berichtet und du siehst staunend, dass er nicht übertrieben hat. Ein Schwall warmen Wassers kommt euch entgegen. Jetzt spürst du noch intensiver, dass deine Arme warm sind, und du sagst zu dir: *Meine Arme sind ganz warm! Meine Arme sind ganz warm!* Nachdem die Wasserfontäne einige Male ihre Wassermassen hoch in das Meerwasser gespritzt hat, versiegt diese heiße Quelle wieder für mehrere Minuten.

Kapitän Nemo und du schwimmen zu einer Moosbank, die in der Nähe wächst, und ihr legt euch gemütlich darauf. Dabei spürst du wieder die angenehme Schwere in deinen Armen und Beinen. Einige Minuten sind vergangen und die zwei Meter hohe Wasserfontäne taucht wieder auf. Du freust dich, denn es ist herrlich anzusehen, in wie vielen Rot-, Lila- und Blautönen das Wasser aus der Öffnung hervordrängt. Wieder kommen Wellen mit warmem Wasser zu euch herangerollt, und du sagst zu dir: *Meine Arme sind ganz warm! Meine Arme sind ganz warm!* Du fühlst dich ruhig, wohl und lachst Kapitän Nemo zu. Es ist wie in einem Wunderland. Du genießt noch eine ganze Weile die Wasserspiele und das warme Quellwasser.

Dann gibt dir Kapitän Nemo das Zeichen, dass ihr zum Unterwasserboot Nautilus zurückschwimmen müsst. Ihr verlasst die warme, große Unterwasserfontäne und schwimmt aus dem Gebiet der heißen Unterwasserquellen heraus. Dabei sagst du immer wieder zu dir: *Ich bin ganz ruhig und sicher. Meine Arme und Beine sind auf besondere Art im Wasser schwer! Meine Arme sind ganz warm!* Durch das helle Wasser geht es zurück. Alles leuchtet wie immer in den schönsten Farben. Du freust dich über diesen wunderbaren Unterwasserausflug und bist zufrieden. Da taucht das Unterwasserboot Nautilus vor euch auf und ihr schwimmt langsam darauf zu. Du steigst durch die Luke ein und setzt dich an den Rand der Luke des Unterwasserbootes.

Willst du **nicht einschlafen,** weil du z. B. nun Hausaufgaben erledigen möchtest, dann geht die Geschichte so zu Ende:

Es ist so, als ob du aus einem schönen Traum erwachen würdest. Du beugst und streckst deine Arme und Beine. Nun holst du tief Luft und atmest sie langsam wieder aus, und du atmest noch einmal tief ein und wieder aus.

Wenn dir jemand die Geschichte vorgelesen hat und du mit geschlossenen Augen zugehört hast, dann wird es nun höchste Zeit, die Augen wieder zu öffnen.

Stehe nicht sofort auf, sondern warte noch einen Moment und richte dich dann erst langsam auf.

Willst du aber nun **einschlafen,** dann geht die Geschichte so zu Ende:

Du bist von dem Unterwasserausflug angenehm müde geworden. Kapitän Nemo hilft dir beim Ablegen des Sauerstoffgerätes, der Schwimmflossen, des Taucheranzuges und der Taucherbrille; sodann begleitet er dich bis zu deiner Koje, in die du dich hineinrollst und sofort in einen ruhigen Schlaf fällst und noch etwas vom Unterwasserausflug weiterträumst.

Der Delfinritt

Vorbereitungen für den vierten Unterwasserausflug

Stell dir vor, du bist von Kapitän Nemo in sein Unterwasserboot Nautilus eingeladen worden. Ihr fahrt gemeinsam durch alle Weltmeere und seht viele wunderschöne Dinge unter Wasser. Die schönsten Stunden sind immer die, wenn Kapitän Nemo dich auf seine Unterwasserausflüge mitnimmt.

Dazu ziehst du einen speziellen Taucheranzug an. Er hat eine besondere Wirkung auf dich. Du merkst schon beim Anziehen, dass du vollkommen ruhig wirst.

Zuerst steigst du mit einem Bein in den Taucheranzug. Du merkst und sagst zu dir: *Mein Bein ist ganz ruhig.* Dann kommt das andere Bein dran. Auch dieses Bein wird ganz ruhig. Du sagst zu dir: *Mein anderes Bein ist ganz ruhig.* Du ziehst deinen Taucheranzug über den Po und den Rücken herauf. Dann schlüpfst du mit dem einen Arm in den Taucheranzug, und du sagst zu dir: *Mein Arm ist ganz ruhig.* Du ziehst den anderen Arm an und er wird auch vollkommen ruhig. Du sagst zu dir: *Mein anderer Arm ist ganz ruhig.* Du ziehst noch die Kapuze über den Kopf und machst den Reißverschluss vorne zu. Jetzt bist du von dem Taucheranzug, rundherum eingehüllt und geschützt. Du fühlst dich in dem weiten und bequemen Taucheranzug wohl, sicher und vollkommen ruhig.

Zum Schluss ziehst du noch die Schwimmflossen an, setzt die Taucherbrille auf und Kapitän Nemo hilft dir, das Sauerstoffgerät auf den Rücken zu nehmen. Du nimmst das Mundstück in den Mund, so wie es dir Kapitän Nemo gezeigt hat, und jetzt bist du für den Unterwasserausflug mit Kapitän Nemo bereit.

Der vierte Unterwasserausflug: Der Delfinritt

Nacheinander gleiten Kapitän Nemo und du durch die Ausstiegsluke des Nautilus ins Wasser. Du landest weich auf dem feinen, weißen Sand des Meeresbodens. Heute will Kapitän Nemo wieder mit dir zur Delfinherde schwimmen. Du freust dich schon sehr darauf, denn du hast den Unterwasserausflug zur Delfinherde in guter Erinnerung. Ihr schwimmt wieder an vielen bunten Fischen vorbei, und einige begleiten euch auf eurem Weg zur Delfinherde. Die Tiere schwimmen ruhig, sicher und in Schwärmen um euch herum.

Du fühlst dich ebenfalls vollkommen ruhig und sicher sowie im Wasser durch den Taucheranzug auf besondere Art schwer und warm. Du sagst zu dir: *Mein einer Arm ist auf besondere Art im Wasser schwer! Mein Arm ist auf besondere Art schwer!* Du schaust zu deinem anderen Arm, weil dich dort ein Fisch freundlich begrüßt, und auch da bemerkst du die besondere Wirkung des Wassers, und du sagst zu dir: *Mein anderer Arm ist auf besondere Art im Wasser schwer! Mein Arm ist auf besondere Art schwer!*

Kapitän Nemo streckt seinen Arm aus und weist in eine Richtung. Du folgst mit deinem Blick und siehst, dass sich die Delfine an fast der gleichen Meeresstelle tummeln wie das letzte Mal. Du freust dich riesig, dass ihr sie gefunden habt. Denn dies ist gar nicht so einfach. Ihr lasst euch beide wieder auf einem großen Stein nieder und beobachtet die Delfine. Du wunderst dich immer wieder, wie wendig und geschickt die Delfine im Wasser umherschwimmen, aus dem Wasser herausspringen und wie ein Pfeil in das Wasser zurückschießen. Es sind sehr gesellige Tiere, die immer wieder miteinander spielen. Du könntest ihnen stundenlang dabei zusehen, wie sie ihre Schwanzflossen hin- und herbewegen und ihre schlanken Körper durch das Wasser gleiten lassen.

Nach einer Weile kommt wieder ein Delfinbaby nah heran geschwommen. Während du beobachtend auf dem Stein sitzt, bemerkst du die besondere Schwere deiner Beine im Wasser, und du sagst zu dir: *Mein eines Bein ist auf besondere Art im Wasser schwer! Mein Bein ist auf besondere Art schwer!* Dasselbe spürst du auch bei deinem anderen Bein, und du sagst zu dir: *Mein anderes Bein ist auf besondere Art im Wasser schwer! Mein Bein ist auf besondere Art schwer!*

Es scheint dasselbe Delfinbaby wie beim letzten Mal zu sein, denn es ist schon ganz zutraulich. Es schwimmt wieder um dich herum und scheint dich zu beschnuppern und zugleich zu begrüßen. Dann gleitet es mit seiner Rückenflosse an deiner Hand vorbei. Vorsichtig streichelst du die Rückenflosse. Das Delfinbaby wiederholt dies einige Male. Kapitän Nemo lacht und nickt dir zu, und sein Spruch fällt dir wieder ein: *„Nur ruhig Blut, dann geht alles gut!“* Inzwischen lässt sich Kapitän Nemo von einem größeren Delfin durch das Wasser ziehen. Dadurch bist du ermutigt, die Rückenflosse des Delfinbabys festzuhalten, und es zieht dich ebenfalls durch das Wasser. Dies macht dir großen Spaß. Die Delfinmutter schaut euch aus einiger Entfernung zu und wackelt mit ihrem Kopf herauf und herunter, als ob sie euch noch anfeuern wollte. Ihr gleitet schwerelos und ohne Mühe durch das herrliche, helle, warme Wasser. Dabei spürst du, wie dir vor Freude ganz warm wird, besonders zuerst in deinen Armen. Du sagst zu dir: *Mein einer Arm ist ganz warm! Mein Arm ist ganz warm!* Du spürst dies auch ganz deutlich bei deinem anderen Arm und du sagst zu dir: *Mein anderer Arm ist ganz warm! Mein Arm ist ganz warm!* Als du dich mit dem Delfinbaby über dem Stein befindest, auf dem du zuvor mit Kapitän Nemo gesessen hast, lässt du los und schwebst auf den Stein hinunter, denn du bist angenehm müde geworden. Auch Kapitän Nemo kommt zu dir geschwommen und lässt sich neben dir auf dem Stein nieder. Du bemerkst nun, dass du von dem Delfinritt auch warme Beine bekommen hast, und du sagst zu dir: *Mein eines Bein ist ganz warm! Mein Bein ist ganz warm!* Und auch dein anderes Bein ist warm geworden, und du sagst zu dir: *Mein anderes Bein ist ganz warm! Mein anderes Bein ist ganz warm!*

Das Delfinbaby kommt wieder zu dir zurückgeschwommen, ebenso der große Delfin, der zuvor Kapitän Nemo durch das Wasser gezogen hat. Jeder ergreift noch einmal die Rückenflosse seines Delfins und ihr lasst euch noch einige Runden durch das Wasser ziehen. Es macht großen Spaß, so um die Wette zu schwimmen.

Kapitän Nemo gibt dir nach einer Weile das Zeichen, dass ihr zum Unterwasserboot Nautilus zurückschwimmen müsst. Zum Abschied streichelst du noch einmal liebevoll das Delfinbaby, und es schubst dich noch einmal mit seiner Schnauze liebevoll an.

Dann gleitet ihr ruhig, sicher und langsam zum Unterwasserboot Nautilus zurück. Du fühlst dich sehr wohl und sagst zu dir: *Meine Arme und Beine sind auf besondere Art im Wasser schwer! Meine Arme und Beine sind auf besondere Art schwer!* Während du dies zu dir sagst, betrachtest du die Fische, die euch zurück begleiten. Du denkst an deinen neuen Freund, das Delfinbaby. Dabei wird dir warm, und du sagst zu dir: *Meine Arme und Beine sind ganz warm! Meine Arme und Beine sind ganz warm!* So schwimmst du ruhig, sicher, mit angenehm schweren und warmen Armen und Beinen durch das helle, klare Wasser zum Unterwasserboot Nautilus. Bald taucht es in dem klaren Wasser vor euch auf. Die Sonne lässt es erstrahlen und die Farben sind noch intensiver als an der Luft und am Land. Ihr schwimmt darauf zu. Beim Nautilus angekommen, steigst du durch die Luke in das Unterwasserboot hinein. Du fühlst dich ruhig und zufrieden.

Willst du **nicht einschlafen,** weil du z.B. nun Hausaufgaben erledigen möchtest, dann geht die Geschichte so zu Ende:

Es ist so, als ob du aus einem schönen Traum erwachen würdest. Du beugst und streckst deine Arme und Beine. Nun holst du tief Luft und atmest sie langsam wieder aus, und du atmest noch einmal tief ein und wieder aus.

Wenn dir jemand die Geschichte vorgelesen hat und du mit geschlossenen Augen zugehört hast, dann wird es nun höchste Zeit, die Augen wieder zu öffnen.

Stehe nicht sofort auf, sondern warte noch einen Moment und richte dich dann erst langsam auf.

Willst du aber nun **einschlafen,** dann geht die Geschichte so zu Ende:

Du bist von dem Unterwasserausflug angenehm müde geworden. Kapitän Nemo hilft dir beim Ablegen des Sauerstoffgerätes, der Schwimmflossen, des Taucheranzuges und der Taucherbrille; sodann begleitet er dich bis zu deiner Koje, in die du dich hineinrollst und sofort in einen ruhigen Schlaf fällst und noch etwas vom Unterwasserausflug weiterträumst.

Die Schatzkarte

Vorbereitungen für den fünften Unterwasserausflug

Stell dir vor, du bist von Kapitän Nemo in sein Unterwasserboot Nautilus eingeladen worden. Ihr fahrt gemeinsam durch die Weltmeere und seht viele wunderschöne Dinge unter Wasser. Die schönsten Stunden sind immer die, wenn Kapitän Nemo dich auf seine Unterwasserausflüge mitnimmt.

Dazu ziehst du einen speziellen Taucheranzug an. Er hat eine besondere Wirkung auf dich. Du merkst schon beim Anziehen, dass du vollkommen ruhig wirst.

Zuerst steigst du mit einem Bein in den Taucheranzug. Du merkst und sagst zu dir: *Mein Bein ist ganz ruhig.* Dann kommt das andere Bein dran. Auch dieses Bein wird ganz ruhig. Du sagst zu dir: *Mein anderes Bein wird ganz ruhig.* Du ziehst deinen Taucheranzug über den Po und den Rücken herauf. Dann schlüpfst du mit dem rechten Arm in den Taucheranzug, und du sagst zu dir: *Mein Arm ist ganz ruhig.* Du ziehst den anderen Arm an und er wird auch vollkommen ruhig. Du sagst zu dir: *Mein anderer Arm ist ganz ruhig.* Du ziehst noch die Kapuze über den Kopf und machst den Reißverschluss vorne zu. Jetzt bist du von dem Taucheranzug rundherum eingehüllt und geschützt. Du fühlst dich in dem weiten und bequemen Taucheranzug wohl, sicher und vollkommen ruhig.

Zum Schluss ziehst du noch die Schwimmflossen an, setzt die Taucherbrille auf und Kapitän Nemo hilft dir, das Sauerstoffgerät auf den Rücken zu nehmen. Du nimmst das Mundstück in den Mund, so wie es dir Kapitän Nemo gezeigt hat, und jetzt bist du für den Unterwasserausflug mit Kapitän Nemo bereit.

Der fünfte Unterwasserausflug: Die Schatzkarte

Nacheinander gleiten Kapitän Nemo und du durch die Ausstiegsluke des Nautilus ins Wasser. Du landest weich auf dem feinen, weißen Sand des Meeresbodens. Heute will Kapitän Nemo mit dir eine Schatzkarte suchen. Du freust dich darauf und bist gespannt, ob ihr sie finden werdet. Er führt dich sicher durch die Unterwasserwelt, in der es viele wunderbare Tiere und Pflanzen zu sehen gibt. Ein kleiner Schwarm von Fischen begleitet euch wieder bei eurem Unterwasserausflug. Die Fische schwimmen ruhig und sicher neben euch her.

Auch du gleitest ruhig und sicher, vollkommen eingehüllt und geschützt von deinem Taucheranzug neben Kapitän Nemo durch das Wasser. Ihr seid an einem Platz angelangt, wo große wunderbare Steine im Sand liegen. Kapitän Nemo hat dir vor dem Unterwasserausflug erzählt, dass er die Schatzkarte unter einem dieser Steine vermutet. Ihr schwimmt nun wie die Fische um die einzelnen Steine herum. Ihr fangt an, einen Stein nach dem anderen umzudrehen, in der Hoffnung, möglichst bald die Schatzkarte zu finden. Du bewegst dich in dem hellen, warmen Wasser zwischen den Steinen hin und her und steuerst auf einen dunkelgrünen Stein zu, der ganz moosbewachsen ist. Du hebst ihn hoch, aber leider ist nichts darunter. Du gleitest zum nächsten Stein, der lila schimmert. Er ist etwas größer und schwerer als der Stein zuvor. Aber du schaffst es noch sehr gut, ihn herumzudrehen. Wieder ist nichts darunter.

Du schaust zu Kapitän Nemo hin; auch er hat bis jetzt noch nichts gefunden. Du hoffst, dass du derjenige bist, der die Schatzkarte findet. Zügig schwimmst du zum nächsten Stein. Dieser schimmert golden. Viele, viele kleine Kristalle auf dem Stein reflektieren das Licht so, dass er aussieht, als ob er aus Gold wäre. Ob unter diesem Stein wohl die Karte liegt? Du drehst ihn herum, aber wieder findest du die Schatzkarte nicht. Auf diesen goldenen Stein setzt du dich, denn du spürst, dass deine Arme und Beine von der anstrengenden Tätigkeit auf besondere Art angenehm schwer geworden sind. Du sagst zu dir: *Mein einer Arm ist auf besondere Art im Wasser schwer! Mein Arm ist auf besondere Art schwer!* Auch bei deinem anderen Arm bemerkst du diese Wirkung des Wassers, und du sagst zu dir: *Mein anderer Arm ist auf besondere Art im Wasser schwer! Mein Arm ist auf besondere Art schwer!* Du sitzt auf deinem Stein und schaust Kapitän Nemo zu, der immer noch nichts gefunden hat. Nun bemerkst du auch deine auf besondere Art schweren Beine, und du sagst zu dir: *Mein eines Bein ist auf besondere Art im Wasser schwer! Mein eines Bein ist auf besondere Art schwer!* Inzwischen spürst du auch dein anderes Bein, und du sagst zu dir: *Mein anderes Bein ist auf besondere Art im Wasser schwer! Mein anderes Bein ist auf besondere Art schwer!*

Ruhig und sicher, mit angenehm schweren Armen und Beinen erhebst du dich und schwimmst zu einem nächsten Stein. Du gibst nicht auf weiterzusuchen, und der Kapitän-Nemo-Spruch hilft dir dabei: *„Nur ruhig Blut, dann geht alles gut!“* Der Stein schillert in bunten Farben, nämlich in Rot und Grün. Die beiden Farben ergeben auf dem Stein ein Muster, wie du es noch nie auf Steinen gesehen hast. Du drehst diesen Stein zur Seite und entdeckst, dass etwas darunter liegt. Mit den Händen schiebst du die dünne Sandschicht weg, und tatsächlich kommt etwas hervor. Es glänzt hell, fast weiß. Du bist sehr gespannt und hoffst auf die Schatzkarte. Aber es ist nur eine schöne große Muschel, die unter dem Stein verborgen lag. Du nimmst sie in deine beiden Hände und betrachtest sie von allen Seiten. Sie ist fest verschlossen und gibt dir nicht preis, welches Geheimnis in ihrem Inneren verborgen liegt. So nimmst du die Muschel und legst sie wieder in die Sandmulde zurück.

Du schwimmst zu einer nächsten Steingruppe. Von der Arbeit werden auch deine Arme und Beine angenehm warm. Du sagst zu dir:

Mein einer Arm ist ganz warm! Mein Arm ist ganz warm! Auch bei deinem anderen Arm bemerkst du diese Wärme, und du sagst zu dir: *Mein anderer Arm ist ganz warm! Mein Arm ist ganz warm!* Während du die nächsten Steine umdrehst und von einem zum anderen schwimmst, bemerkst du auch deine angenehm warmen Beine, und du sagst zu dir: *Mein eines Bein ist ganz warm! Mein Bein ist ganz warm!* Dasselbe stellst du auch bei deinem anderen Bein fest, und du sagst zu dir: *Mein anderes Bein ist ganz warm! Mein Bein ist ganz warm!*

Nun schwimmst du auf eine letzte Steingruppe zu, wo unter anderem ein schwarzer Stein liegt, der weiß gesprenkelt ist. Er sieht unter den vielen bunten Steinen unscheinbar aus. Du entscheidest dich, genau diesen Stein herumzudrehen. Beim Hochheben dieses Steines fühlst du wieder, wie angenehm schwer deine Arme und Beine sich anfühlen: *Meine Arme und Beine sind auf besondere Art im Wasser schwer! Meine Arme und Beine sind auf besondere Art schwer!* Als du den Stein zur Seite gehoben hast, schimmert unter dem Sand etwas Bräunliches hervor. Du denkst, sicherlich ist es ein weiterer Stein unter dem hellen Sand und willst schon aufgeben. Aber der Kapitän-Nemo-Spruch fällt dir noch einmal ein, und du sagst in Gedanken zu dir: *„Nur ruhig Blut, dann geht alles gut!“* Deshalb fegst du den Sand mit deiner Hand zur Seite. Es kommt ein fast rundes, dunkelbraunes Stück Leder unter dem Sand hervor. Du nimmst es in die Hand, hebst es hoch und wunderst dich über dieses Stück Leder im Meeresboden. Du drehst es herum und auf der anderen Seite des Leders sind Striche, Kreise, Punkte und Quadrate sowie ein Kreuz eingraviert. Vermutlich sind sie in das Leder hineingebrannt worden. Da schießt es dir wie ein Geistesblitz durch den Kopf, dass dies die Schatzkarte sein muss. Aufgeregt winkst du Kapitän Nemo und schwimmst ein Stück zu ihm hin. Er kommt dir entgegen und freut sich sehr, nachdem er das Stück Leder genau betrachtet hat. Daran erkennst du, dass du die Schatzkarte gefunden hast. Ruhig und zufrieden setzt du dich auf einen der Steine.

Du sagst zu dir: *Meine Arme und Beine sind auf besondere Art im Wasser schwer! Meine Arme und Beine sind auf besondere Art schwer!* Auch eine wohlige Wärme fließt durch deinen Körper hindurch, und du sagst zu dir: *Meine Arme und Beine sind ganz warm! Meine Arme und Beine sind ganz warm!*

Kapitän Nemo gibt dir die Karte zurück und zeigt dir, dass du sie in deinen Gürtel stecken sollst. Zum Suchen des Schatzes bleibt bei diesem Unterwasserausflug keine Zeit mehr. Ihr müsst zurück zum Unterwasserboot Nautilus. Du bist aber sicher, dass ihr beim nächsten Unterwasserausflug den Schatz suchen werdet. So schwimmt ihr ruhig und sicher zum Unterwasserboot Nautilus zurück. Du bist glücklich und zufrieden, denn du hast die Schatzkarte gefunden. Beim Unterwasserboot Nautilus angekommen, steigst du durch die Luke in das Unterwasserboot hinein.

Willst du **nicht einschlafen,** weil du z. B. nun Hausaufgaben erledigen möchtest, dann geht die Geschichte so zu Ende:

Es ist so, als ob du aus einem schönen Traum erwachen würdest. Du beugst und streckst deine Arme und Beine. Nun holst du tief Luft und atmest sie langsam wieder aus, und du atmest noch einmal tief ein und wieder aus.

Wenn dir jemand die Geschichte vorgelesen hat und du mit geschlossenen Augen zugehört hast, dann wird es nun höchste Zeit, die Augen wieder zu öffnen.

Stehe nicht sofort auf, sondern warte noch einen Moment und richte dich dann erst langsam auf.

Willst du aber nun **einschlafen,** dann geht die Geschichte so zu Ende:

Du bist von dem Unterwasserausflug angenehm müde geworden. Kapitän Nemo hilft dir beim Ablegen des Sauerstoffgerätes, der Schwimmflossen, des Taucheranzuges und der Taucherbrille; sodann begleitet er dich bis zu deiner Koje, in die du dich hineinrollst und sofort in einen ruhigen Schlaf fällst und noch etwas vom Unterwasserausflug weiterträumst.

Die Schatzsuche

Vorbereitungen für den sechsten Unterwasserausflug

Stelle dir vor, du bist von Kapitän Nemo in sein Unterwasserboot Nautilus eingeladen worden. Ihr fahrt gemeinsam durch alle Weltmeere und seht viele wunderschöne Dinge unter Wasser. Die schönsten Stunden sind immer die, wenn Kapitän Nemo dich auf seine Unterwasserausflüge mitnimmt.

Dazu ziehst du einen speziellen Taucheranzug an. Er hat eine besondere Wirkung auf dich. Du merkst schon beim Anziehen, dass du vollkommen ruhig wirst.

Zuerst steigst du mit einem Bein in den Taucheranzug. Du merkst und sagst zu dir: *Mein Bein ist ganz ruhig.* Dann kommt das andere Bein dran. Auch dieses Bein wird ganz ruhig. Du sagst zu dir: *Mein anderes Bein ist ganz ruhig.* Du ziehst deinen Taucheranzug über den Po und den Rücken herauf. Dann schlüpfst du mit dem einen Arm in den Taucheranzug, und du sagst zu dir: *Mein Arm ist ganz ruhig.* Du ziehst den anderen Arm an und er wird auch vollkommen ruhig. Du sagst zu dir: *Mein anderer Arm ist ganz ruhig.* Du ziehst noch die Kapuze über den Kopf und machst den Reißverschluss vorne zu. Jetzt bist du von dem Taucheranzug rundherum eingehüllt und geschützt. Du fühlst dich in dem weiten und bequemen Taucheranzug wohl, sicher und vollkommen ruhig.

Zum Schluss ziehst du noch die Schwimmflossen an, setzt die Taucherbrille auf und Kapitän Nemo hilft dir, das Sauerstoffgerät auf den Rücken zu nehmen. Du nimmst das Mundstück in den Mund, so wie es dir Kapitän Nemo gezeigt hat, und jetzt bist du für den Unterwasserausflug mit Kapitän Nemo bereit.

Der sechste Unterwasserausflug: Die Schatzsuche

Nacheinander gleiten Kapitän Nemo und du durch die Ausstiegsluke des Nautilus in das helle, klare, warme Wasser. Weich landest du auf dem feinen, weißen Sand des Meeresbodens. Du gleitest neben Kapitän Nemo durch dieses wunderbare Wasser. Heute wird der Schatz gesucht, und ihr habt beide neben der Schatzkarte aus Leder je eine Schaufel mitgenommen. Ihr schwimmt an bunt schimmernden Korallen vorbei und gleitet durch einen Fischschwarm hindurch. Während du in dieser Fischwolke mit Kapitän Nemo eingehüllt bist, beobachtest du die Fische, wie sie sich ruhig und sicher im Wasser bewegen.

Mitten durch die Fische zu schwimmen, macht dir nichts aus, denn du hast deinen schützenden Taucheranzug an. Du spürst wieder die besondere Wirkung des Wassers. Du sagst zu dir: *Mein einer Arm ist auf besondere Art im Wasser schwer! Mein einer Arm ist auf besondere Art schwer!* Dasselbe fühlst du auch in deinem anderen Arm, und du sagst zu dir: *Mein anderer Arm ist auf besondere Art im Wasser schwer! Mein anderer Arm ist auf besondere Art schwer!*

Ihr haltet einen Moment inne und schaut euch die Schatzkarte zum wiederholten Male genau an. Ihr seid nun an einer Weggabelung angekommen. Auf der Karte ist rechts davon ein Hügel eingezeichnet, und tatsächlich ist rechts auch ein kleiner Korallenberg zu sehen. Ihr müsst euch nach der Karte links halten und die Striche auf der Karte bedeuten wohl, dass sich hier viele Wasserpflanzen befinden. In der Tat steht hier sehr viel Seegras, und langblättrige Wasserpflanzen wachsen in die Höhe.

Während ihr anhaltet und die Karte studiert, bemerkst du bei deinen Beinen die Schwere im Wasser. Du sagst zu dir: *Mein eines Bein ist auf besondere Art im Wasser schwer! Mein eines Bein ist auf besondere Art schwer!* Auch im anderen Bein spürst du die Schwere, und du sagst zu dir: *Mein anderes Bein ist auf besondere Art im Wasser schwer! Mein anderes Bein ist auf besondere Art schwer!*

Ihr setzt euch beide wieder in Bewegung und schwimmt durch das hohe Seegras hindurch. Es ist ein schönes Gefühl, denn das Gras streichelt deinen Körper. So schwimmt ihr eine Weile in dem Seegras umher. Plötzlich zeigt Kapitän Nemo auf eine sehr große, grüne Wasserpflanze, um die kleine, lustige Seepferdchen herumtanzen. Du holst noch einmal die Schatzkarte hervor und ihr betrachtet die Zeichen, die die Stelle markieren, an der der Schatz verborgen sein soll. Vielleicht sollen die Zeichen genau diese große Wasserpflanze darstellen. Ihr schwimmt darauf zu, nehmt eure Schaufeln und beginnt rechts von der Wasserpflanze im Sand zu graben. Denn nach der Schatzkarte soll hier der Schatz verborgen liegen. Ihr grabt eine Weile den Sand zur Seite, und du denkst: „Der Schatz ist aber tief vergraben. Mir wird bei dieser anstrengenden Arbeit ganz warm." Du unterbrichst sie für einen Moment und ruhst dich aus. Kapitän Nemo macht es ebenso.

Du achtest auf deine Arme und Beine und stellst fest, dass sie angenehm warm sind. Du sagst zu dir: *Mein einer Arm ist ganz warm! Mein einer Arm ist ganz warm!* Auch dein anderer Arm fühlt sich warm an und du sagst zu dir: *Mein anderer Arm ist ganz warm! Mein anderer Arm ist ganz warm!* Nun konzentrierst du dich auf deine Beine und bemerkst, dass sie sich ebenfalls warm anfühlen. Du sagst zu dir: *Mein eines Bein ist ganz warm! Mein Bein ist ganz warm!* Nun spürst du in deinem anderen Bein die Wärme, und du sagst zu dir: *Mein anderes Bein ist ganz warm! Mein Bein ist ganz warm!*

Nach dieser kurzen Ruhepause beginnt ihr wieder beide mit euren Schippen im Sand zu graben; denn so schnell gibst du noch nicht auf. Dabei hilft dir der Kapitän-Nemo-Spruch, der dir mehrmals durch den Kopf geht: „*Nur ruhig Blut, dann geht alles gut!*"

Nach einer Weile anstrengender Arbeit stößt du mit deiner Schippe auf etwas Hartes. Du gibst Kapitän Nemo ein Zeichen, und er kommt näher zu dir. Mit euren Schippen klopft ihr auf eine Holzkiste. Schneller als zuvor schaufelt ihr den noch darüber liegenden Sand zur Seite. Gemeinsam hebt ihr die Kiste, in der hoffentlich der Schatz verborgen ist, aus dem Sand heraus. Du bist sehr gespannt und öffnest mithilfe von Kapitän Nemo die Kiste. „Was ist das für ein Schatz?“, fragst du dich. Es glitzern dir keine goldenen Kronen, Ringe, mit Edelsteinen besetzte Armbänder und Halsketten entgegen. Vielmehr sind viele kleine und größere Muscheln in der Holzkiste enthalten. Im ersten Moment bist du sehr enttäuscht, und du merkst, wie Wut in dir aufsteigt. Da es aber nichts bringt, wütend zu werden, überlegst du, was du gegen die Wut im Bauch tun kannst. Du entscheidest dich dafür, es mit dem Kapitän-Nemo-Spruch zu versuchen: *„Nur ruhig Blut, dann geht alles gut!“* Langsam und immer wieder wandern diese Worte durch deinen Kopf, während Kapitän Nemo die Muscheln nimmt und sie vorsichtig öffnet. Du beobachtest, wie er zufrieden zu lachen beginnt. Du schwimmst zu ihm und schaust in die Muscheln hinein. Er zeigt dir, dass in jeder Muschel eine wunderbare kleine Perle enthalten ist. Manche glänzen ganz elfenbeinweiß, andere leicht rosa. „Das ist also der Schatz“, denkst du dir. Diese wunderbaren kleinen, echten Perlen. Vorsichtig legt ihr die Muscheln wieder in die Kiste zurück und verschließt sie mit dem Deckel.

Jeder nimmt einen Griff an der Seite der Schatzkiste und gemeinsam schwimmt ihr damit zum Unterwasserboot Nautilus zurück. Auf dem Rückweg, mit der Schatzkiste zwischen euch, bemerkst du, dass du zufrieden bist und deine Arme und Beine sich wieder auf besondere Art angenehm schwer anfühlen und warm sind. Du sagst zu dir: *Meine Arme und Beine sind auf besondere Art im Wasser schwer! Meine Arme und Beine sind auf besondere Art schwer!* Nachdem ihr eine Weile geschwommen seid, setzt ihr die Kiste einen Moment ab und tauscht die Seiten. Als ihr dann wieder weiterschwimmt, merkst du auch die Wärme in deinen Armen und Beinen, und du sagst zu dir: *Meine Arme und Beine sind ganz warm! Meine Arme und Beine sind ganz warm!*

Inzwischen seid ihr beim Unterwasserboot Nautilus wohlbehalten angekommen. Ruhig, sicher, mit schweren und warmen Armen und

Beinen, kletterst du durch die Luke in das Unterwasserboot hinein. Kapitän Nemo reicht dir die Schatzkiste hoch, und du stellst sie neben dich in das Unterwasserboot. Kapitän Nemo setzt sich, nachdem er ebenfalls in das Unterwasserboot Nautilus geklettert ist, zu dir. Zufrieden mit eurem Fund lächelt ihr euch an.

Willst du **nicht einschlafen,** weil du z. B. nun Hausaufgaben erledigen möchtest, dann geht die Geschichte so zu Ende:

Es ist so, als ob du aus einem schönen Traum erwachen würdest. Du beugst und streckst deine Arme und Beine. Nun holst du tief Luft und atmest sie langsam wieder aus, und du atmest noch einmal tief ein und wieder aus.

Wenn dir jemand die Geschichte vorgelesen hat und du mit geschlossenen Augen zugehört hast, dann wird es nun höchste Zeit, die Augen wieder zu öffnen.

Stehe nicht sofort auf, sondern warte noch einen Moment und richte dich dann erst langsam auf.

Willst du aber nun **einschlafen,** dann geht die Geschichte so zu Ende:

Du bist von dem Unterwasserausflug angenehm müde geworden. Kapitän Nemo hilft dir beim Ablegen des Sauerstoffgerätes, der Schwimmflossen, des Taucheranzuges und der Taucherbrille; sodann begleitet er dich bis zu deiner Koje, in die du dich hineinrollst und sofort in einen ruhigen Schlaf fällst und noch etwas vom Unterwasserausflug weiterträumst.

Die Seepferdchenherde

Vorbereitungen für den siebten Unterwasserausflug

Stelle dir vor, du bist von Kapitän Nemo in sein Unterwasserboot Nautilus eingeladen worden. Ihr fahrt gemeinsam durch alle Weltmeere und seht viele wunderschöne Dinge unter Wasser. Die schönsten Stunden sind immer die, wenn Kapitän Nemo dich auf seine Unterwasserausflüge mitnimmt.

Dazu ziehst du einen speziellen Taucheranzug an. Er hat eine besondere Wirkung auf dich. Du merkst schon beim Anziehen, dass du vollkommen ruhig wirst.

Zuerst steigst du mit einem Bein in den Taucheranzug. Du merkst und sagst zu dir: *Mein Bein ist ganz ruhig.* Dann kommt das andere Bein dran. Auch dieses Bein wird ganz ruhig. Du sagst zu dir: *Mein anderes Bein ist ganz ruhig.* Du ziehst deinen Taucheranzug über den Po und den Rücken herauf. Dann schlüpfst du mit dem einen Arm in den Taucheranzug, und du sagst zu dir: *Mein Arm ist ganz ruhig.* Du ziehst den anderen Arm an und er wird auch vollkommen ruhig. Du sagst zu dir: *Mein anderer Arm ist ganz ruhig.* Du ziehst noch die Kapuze über den Kopf und machst den Reißverschluss vorne zu. Jetzt bist du von dem Taucheranzug rundherum eingehüllt und geschützt. Du fühlst dich in dem weiten und bequemen Taucheranzug wohl, sicher und vollkommen ruhig.

Zum Schluss ziehst du noch die Schwimmflossen an, setzt die Taucherbrille auf und Kapitän Nemo hilft dir, das Sauerstoffgerät auf den Rücken zu nehmen. Du nimmst das Mundstück in den Mund, so wie es dir Kapitän Nemo gezeigt hat, und jetzt bist du für den Unterwasserausflug mit Kapitän Nemo bereit.

Der siebte Unterwasserausflug: Die Seepferdchenherde

Nacheinander gleiten Kapitän Nemo und du durch die Ausstiegsluke des Nautilus ins Wasser. Du landest weich auf dem feinen, weißen Sand des Meeresbodens. Heute will dir Kapitän Nemo eine Herde Seepferdchen zeigen. Es ist die Zeit, in der die Seepferdchen ihre Babys bekommen. Vor Beginn des Unterwasserausfluges sagte er dir, dass ihr vielleicht Glück haben würdet und die Geburt der Seepferdchen beobachten könntet. Du bist sehr gespannt darauf und freust dich, denn du hast noch nie beobachtet, wie ein Tier seine Jungen zur Welt brachte. Wie immer begleiten euch eine Reihe verschiedenster Fische. Sie alle schwimmen ruhig und sicher an dir vorbei.

Du bist durch deinen Taucheranzug vollkommen ruhig, sicher und im Wasser auf besondere Art schwer. Du sagst zu dir: *Mein einer Arm ist auf besondere Art im Wasser schwer! Mein einer Arm ist auf besondere Art schwer!* Kaum hast du dies wahrgenommen, bemerkst du das gleiche angenehme Gefühl im anderen Arm. Du sagst zu dir: *Mein anderer Arm ist auf besondere Art im Wasser schwer! Mein anderer Arm ist auf besondere Art schwer!* So gleitest du ruhig neben Kapitän Nemo her. Du schaust immer wieder auf den Meeresboden, denn auf diesem Weg sind viele wunderschöne Steine und Muscheln, die die ungewöhnlichsten Formen und Farben haben. Am liebsten würdest du Halt machen und die, die dir gefallen, auflesen. Während du die Steine und Muscheln betrachtest, spürst du die Wirkung des Wassers auch bei deinen Beinen, und du sagst zu dir: *Mein eines Bein ist auf besondere Art im Wasser schwer! Mein eines Bein ist auf besondere Art schwer!* Das gleiche Gefühl bemerkst du im anderen Bein, und du sagst zu dir: *Mein anderes Bein ist auf besondere Art im Wasser schwer! Mein anderes Bein ist auf besondere Art schwer!*

Ihr schwimmt über eine Unterwasserscheide mit mittelhohem Seegras hinweg. In einiger Entfernung taucht eine Hügelkette vor euch auf. Zielsicher steuert Kapitän Nemo darauf zu; du folgst ihm. Nach wenigen Minuten erreicht ihr die Hügelkette. Ihr schwimmt zwischen den einzelnen Hügeln hindurch und kommt in ein Tal, das von drei Seiten durch Hügel geschützt ist. Das Seegras ist auch hier vorhanden und wiegt sich nach den Wellen des Meeres hin und her. An einer Stelle ist das Seegras durch ein Moosbeet unterbrochen. Und genau dort hält sich die Seepferdchenherde auf. Vorsichtig und langsam nähert ihr euch der Seepferdchenherde, um sie genauer beobachten zu können. Ihr sinkt langsam auf den Meeresboden und setzt euch auf eine Stelle im Moos, von wo aus ihr die Seepferdchen gut sehen könnt.

Seepferdchen sind lustige Tiere, denn sie hüpfen ständig auf und ab. Sie sind ungefähr so groß wie ein Lineal von 30 cm Länge und gebogen wie der Buchstabe „S“. Am Kopf und den halben Rücken herunter haben sie lauter kleine Zacken. Während du auf dem Moos sitzt, bemerkst du, dass dieses dich wärmt. Du sagst zu dir: *Mein einer Arm ist ganz warm! Mein Arm ist ganz warm!* Auch bei deinem anderen Arm spürst du die Wärme, die vom Moos ausgeht, und du sagst zu dir: *Mein anderer Arm ist ganz warm! Mein Arm ist ganz warm!*

Kapitän Nemo deutet auf einige Seepferdchen und da erkennst du, dass diese etwas dicker sind als die anderen. Das müssen die Männchen sein, da sie bald ihre Jungen bekommen. Ja, du hast richtig gehört, es sind bei den Seepferdchen die Männchen, die die Jungtiere in einer Brusttasche tragen und für die Brutpflege zuständig sind. Ihr ruht euch eine ganze Weile auf dem Moosbett aus und betrachtet interessiert, was die Seepferdchen alles unternehmen. Manche nähern sich euch, und Kapitän Nemo streckt einen Finger aus, auf den sich ein Seepferdchen mit seinem Schwanz setzt. Dies sieht äußerst lustig aus. Daraufhin streckst du auch deinen Arm aus sowie einen Finger, und ein anderes Seepferdchen reitet ebenfalls auf deinem Finger. Du musst sehr darüber lachen, denn ein reitendes Pferdchen hast du noch nie erlebt; vielmehr ist es sonst umgekehrt, dass nämlich Menschen auf einem Pferd reiten.

Inzwischen hat das Moos auch deine Beine gewärmt, und du sagst zu dir: *Mein eines Bein ist ganz warm! Mein Bein ist ganz warm!* Auch bei deinem anderen Bein stellst du diese Wirkung fest, und du sagst zu dir: *Mein anderes Bein ist ganz warm! Mein Bein ist ganz warm!* Plötzlich kehrt bei einigen Seepferdchen Ruhe ein. Man kann sehen, dass sie ihren Bauch nun besonders vorstülpen. Kapitän Nemo und du schauen konzentriert und fasziniert zu den Seepferdchen hinüber. Aus dem Bauch einiger Seepferdchen kommt eine Flüssigkeit, und dann schlüpft ein Seepferdchen nach dem anderen aus der Brusttasche heraus. Sie schweben im Wasser, und es kommen immer mehr dazu. Du traust deinen Augen kaum, wie viele kleine Seepferdchen ein Seepferdchenmännchen zur Welt bringt. Es sieht lustig aus, wenn sie wie aus einem Kängurusack aus der Bauchfalte herausschießen. Nach kurzer Zeit beginnen sie ebenfalls wie die erwachsenen Seepferdchen im Wasser lustig auf und ab zu hüpfen. Sie scheinen sich sehr wohl zu fühlen. Du staunst über dieses Naturwunder.

Du fühlst dich bei dieser Beobachtung ruhig, sicher und hast schwere, warme Arme und Beine. Du sagst zu dir: *Meine Arme und Beine sind auf besondere Art im Wasser schwer! Meine Arme und Beine sind auf besondere Art schwer!* Auch die Wärme spürst du deutlich, und du sagst zu dir: *Meine Arme und Beine sind ganz warm! Meine Arme und Beine sind ganz warm!*

Kapitän Nemo gibt dir das Zeichen, dass ihr zum Unterwasserboot Nautilus zurückkehren müsst. Ihr erhebt euch vorsichtig und langsam, um die Seepferdchen nicht zu erschrecken. Sie lächeln euch freundlich mit großen, runden Augen an und hüpfen immer noch lustig im Wasser auf und ab. An deinen Finger- und Fußspitzen kribbelt es ein wenig, als ob kleine Seepferdchen sachte daran schnuppern würden. Auf dem Weg zum Nautilus genießt du die Ruhe, die angenehme Schwere und Wärme in deinen Armen und Beinen. Kleine Fische begleiten euch wieder, sodass du immer etwas zum Betrachten hast. Da taucht das Unterwasserboot Nautilus vor euch auf, und du steigst durch die Luke in das Unterwasserboot hinein.

Willst du **nicht einschlafen,** weil du z.B. nun Hausaufgaben erledigen möchtest, dann geht die Geschichte so zu Ende:

Es ist so, als ob du aus einem schönen Traum erwachen würdest. Du beugst und streckst deine Arme und Beine. Nun holst du tief Luft und atmest sie langsam wieder aus, und du atmest noch einmal tief ein und wieder aus.

Wenn dir jemand die Geschichte vorgelesen hat und du mit geschlossenen Augen zugehört hast, dann wird es nun höchste Zeit, die Augen wieder zu öffnen.

Stehe nicht sofort auf, sondern warte noch einen Moment und richte dich dann erst langsam auf.

Willst du aber nun **einschlafen,** dann geht die Geschichte so zu Ende:

Du bist von dem Unterwasserausflug angenehm müde geworden. Kapitän Nemo hilft dir beim Ablegen des Sauerstoffgerätes, der Schwimmflossen, des Taucheranzuges und der Taucherbrille; sodann begleitet er dich bis zu deiner Koje, in die du dich hineinrollst und sofort in einen ruhigen Schlaf fällst und noch etwas vom Unterwasserausflug weiterträumst.

Die Unterwasserstadt Atlantis

Vorbereitungen für den achten Unterwasserausflug

Stelle dir vor, du bist von Kapitän Nemo in sein Unterwasserboot Nautilus eingeladen worden. Ihr fahrt gemeinsam durch alle Weltmeere und seht viele wunderschöne Dinge unter Wasser. Die schönsten Stunden sind immer die, wenn Kapitän Nemo dich auf seine Unterwasserausflüge mitnimmt.

Dazu ziehst du einen speziellen Taucheranzug an. Er hat eine besondere Wirkung auf dich. Du merkst schon beim Anziehen, dass du vollkommen ruhig wirst.

Zuerst steigst du mit einem Bein in den Taucheranzug. Du merkst und sagst zu dir: *Mein Bein ist ganz ruhig.* Dann kommt das andere Bein dran. Auch dieses Bein wird ganz ruhig. Du sagst zu dir: *Mein anderes Bein ist ganz ruhig.* Du ziehst deinen Taucheranzug über den Po und den Rücken herauf. Dann schlüpfst du mit dem rechten Arm in den Taucheranzug, und du sagst zu dir: *Mein Arm ist ganz ruhig.* Du ziehst den anderen Arm an und er wird auch vollkommen ruhig. Du sagst zu dir: *Mein anderer Arm ist ganz ruhig.* Du ziehst die Kapuze über den Kopf und machst den Reißverschluss vorne zu. Jetzt bist du von dem Taucheranzug rundherum eingehüllt und geschützt. Du fühlst dich in dem weiten und bequemen Taucheranzug wohl, sicher und vollkommen ruhig.

Zum Schluss ziehst du noch die Schwimmflossen an, setzt die Taucherbrille auf und Kapitän Nemo hilft dir, das Sauerstoffgerät auf den Rücken zu nehmen. Du nimmst das Mundstück in den Mund, so wie es dir Kapitän Nemo gezeigt hat, und jetzt bist du für den Unterwasserausflug mit Kapitän Nemo bereit.

Der achte Unterwasserausflug: Die Unterwasserstadt Atlantis

Kapitän Nemo gleitet wie immer als Erster durch die Ausstiegsluke des Nautilus ins Wasser; du folgst ihm. Weich landest du auf dem feinen, weißen Sand des Meeresbodens. Heute will Kapitän Nemo mit dir eine Unterwasserstadt besuchen. Sie heißt Atlantis und war die Hauptstadt eines im Meer versunkenen Kontinents. Kapitän Nemo führt dich ruhig und sicher dorthin. Es ist wirklich erstaunlich, wie gut er sich in den Weltmeeren auskennt. Wie meistens begleitet euch eine Reihe von Fischen: größere und kleinere, bunte und weniger farbige. Sie begleiten euch auf eurem Weg zur Unterwasserstadt.

Du fühlst dich ebenfalls vollkommen ruhig, durch den Taucheranzug geschützt und sicher sowie im Wasser auf eine besondere Art angenehm schwer. Du sagst zu dir: *Meine beiden Arme sind auf besondere Art im Wasser schwer! Meine beiden Arme sind auf besondere Art schwer!* Du gleitest über den Meeresboden dahin und freust dich an dem hellen, warmen, sonnendurchfluteten Wasser. Dabei bemerkst du auch bei deinen Beinen die besondere Wirkung des Wassers. Du sagst zu dir: *Meine beiden Beine sind auf besondere Art im Wasser schwer! Meine beiden Beine sind auf besondere Art schwer!*

Endlich taucht die Unterwasserstadt vor euch auf. Zügig schwimmt ihr darauf zu. Ihr könnt die Häuser und die Stadtmauer schon gut erkennen. Durch ein großes Stadttor schwimmt ihr mit den Fischen zusammen in die Stadt hinein. Einige Fische kommen euch entgegen und verlassen die Unterwasserstadt. Manche Häuser sind schon etwas verfallen, andere noch gut erhalten. Sie werden von goldenen Sonnenstrahlen durchflutet, und dazwischen tummeln sich Schwärme von bunten Fischen. Du folgst einem besonders hübschen, bunten Schwarm in Richtung Marktplatz. Dort angekommen, siehst du einen kleinen Seehund auf dem Brunnenrand sitzen, der dir mit einer Flosse lustig zuwinkt. Du winkst zurück und freust dich über dieses lustige Erlebnis. Dann verschwindet der Seehund nach oben, um Luft zu holen.

Du schaust dich weiter in der Unterwasserstadt Atlantis um; Kapitän Nemo und du untersuchen jedes Haus und jede Straße. Ihr entdeckt einen Kirchturm, der ganz von Unterwasseralgen umschlungen ist. Während ihr auf eurer Erkundungsreise seid, spielen Kapitän Nemo und du in den Häusern fangen. Dies ist sehr lustig, weil du in jedem beliebigen Stockwerk durch die Fenster in ein Haus hinein und hinaus schwimmen kannst. Das ist etwas, was man an der Luft nicht machen kann. Und du findest es fantastisch, an einer Häuserwand herauf und herunter zu schwimmen ohne eine Treppe benutzen zu müssen.

Inzwischen kannst du so super gut und mühelos schwimmen wie Kapitän Nemo, und es ist für ihn gar nicht einfach, dich zu fangen, zumal du sehr geschickt durch die Fenster der Häuser hinein und hinaus schwimmst. In einem großen Haus mit einer großen Eingangshalle schwimmst du die Säulen der Halle herauf und herunter und umkreist sie einige Male, bis Kapitän Nemo dich endlich gefangen hat. Nun schwimmt ihr gemächlich zurück zum Marktplatz der Unterwasserstadt Atlantis. Dort setzt ihr euch auf den Brunnenrand, auf dem vorher der Seehund gesessen hat. Der Marktplatz ist besonders sonnendurchflutet und warm.

Während du auf dem Brunnenrand sitzt und dich ausruhst, bemerkst du, dass deine Arme und Beine ebenfalls ganz warm werden. Du sagst zu dir: *Meine beiden Arme sind ganz warm! Meine beiden Arme sind ganz warm!* Du schaust an deinen Beinen herunter, die über den Brunnenrand baumeln und spürst auch dort die angenehme Wärme. Du sagst zu dir: *Meine beiden Beine sind ganz warm! Meine beiden Beine sind ganz warm!*

Nachdem ihr euch gut ausgeruht habt, gibt dir Kapitän Nemo das Zeichen, zum Unterwasserboot Nautilus zurückzuschwimmen.

Langsam gleitet ihr durch die Unterwasserstadt Atlantis und du schaust dir noch einmal die interessanten Häuser und Straßen an. Einige Fische schwimmen wieder mit euch durch das große Stadttor hinaus und begleiten euch durch das Seegras und über den weichen, weißen Sand hinweg bis zum Unterwasserboot Nautilus.

Du spürst das warme Wasser, und du fühlst dich ruhig, sicher und wohl. Du sagst noch einmal zu dir: *Meine Arme und Beine sind auf besondere Art im Wasser schwer! Meine Arme und Beine sind auf besondere Art schwer!* Zugleich spürst du auch die angenehme Wärme in deinen Gliedern, und du sagst zu dir: *Meine Arme und Beine sind ganz warm! Meine Arme und Beine sind ganz warm!* Nun taucht das Unterwasserboot Nautilus vor euch auf und du schwimmst ruhig darauf zu. Du steigst durch die Luke in das Unterwasserboot hinein. Zufrieden sitzt du am Rand der Ausstiegsluke.

Willst du **nicht einschlafen,** weil du z. B. nun Hausaufgaben erledigen möchtest, dann geht die Geschichte so zu Ende:

Es ist so, als ob du aus einem schönen Traum erwachen würdest. Du beugst und streckst deine Arme und Beine. Nun holst du tief Luft und atmest sie langsam wieder aus, und du atmest noch einmal tief ein und wieder aus.

Wenn dir jemand die Geschichte vorgelesen hat und du mit geschlossenen Augen zugehört hast, dann wird es nun höchste Zeit, die Augen wieder zu öffnen.

Stehe nicht sofort auf, sondern warte noch einen Moment und richte dich dann erst langsam auf.

Willst du aber nun **einschlafen,** dann geht die Geschichte so zu Ende:

Du bist von dem Unterwasserausflug angenehm müde geworden. Kapitän Nemo hilft dir beim Ablegen des Sauerstoffgerätes, der Schwimmflossen, des Taucheranzuges und der Taucherbrille; sodann begleitet er dich bis zu deiner Koje, in die du dich hineinrollst und sofort in einen ruhigen Schlaf fällst und noch etwas vom Unterwasserausflug weiterträumst.

Die Riesenschildkröten

Vorbereitungen für den neunten Unterwasserausflug

Stelle dir vor, du bist von Kapitän Nemo in sein Unterwasserboot Nautilus eingeladen worden. Ihr fahrt gemeinsam durch alle Weltmeere und seht viele wunderschöne Dinge unter Wasser. Die schönsten Stunden sind immer die, wenn Kapitän Nemo dich auf seine Unterwasserausflüge mitnimmt.

Dazu ziehst du einen speziellen Taucheranzug an. Er hat eine besondere Wirkung auf dich. Du merkst schon beim Anziehen, dass du vollkommen ruhig wirst.

Zuerst steigst du mit einem Bein in den Taucheranzug. Du merkst und sagst zu dir: *Mein Bein ist ganz ruhig.* Dann kommt das andere Bein dran. Auch dieses Bein wird ganz ruhig. Du sagst zu dir: *Mein anderes Bein ist ganz ruhig.* Du ziehst deinen Taucheranzug über den Po und den Rücken herauf. Dann schlüpfst du mit dem einen Arm in den Taucheranzug, und du sagst zu dir: *Mein Arm ist ganz ruhig.* Du ziehst den anderen Arm an und er wird auch vollkommen ruhig. Du sagst zu dir: *Mein anderer Arm ist ganz ruhig.* Du ziehst noch die Kapuze über den Kopf und machst den Reißverschluss vorne zu. Jetzt bist du von dem Taucheranzug rundherum eingehüllt und geschützt. Du fühlst dich in dem weiten und bequemen Taucheranzug wohl, sicher und vollkommen ruhig.

Zum Schluss ziehst du noch die Schwimmflossen an, setzt die Taucherbrille auf und Kapitän Nemo hilft dir, das Sauerstoffgerät auf den Rücken zu nehmen. Du nimmst das Mundstück in den Mund, so wie es dir Kapitän Nemo gezeigt hat, und jetzt bist du für den Unterwasserausflug mit Kapitän Nemo bereit.

Der neunte Unterwasserausflug: Die Riesenschildkröten

Kapitän Nemo und du gleiten nacheinander durch die Ausstiegsluke des Nautilus ins Wasser. Du landest weich auf dem feinen, weißen Sand des Meeresbodens. Kapitän Nemo hat heute vor, mit dir Riesenschildkröten zu suchen. Es sind Unterwasserschildkröten, die sehr groß sind und sehr alt werden können. Sie werden mit ihrem Panzer mindestens einen bis eineinhalb Meter hoch und sind genauso lang und breit. Der Panzer ist wie eine Halbkugel geformt, die aus sechseckigen Hornplatten zusammengesetzt ist. Auf dem Weg zu den Riesenschildkröten siehst du wieder viele bunte Muscheln und Steine, und manche Fischart, die dir begegnet, kennst du schon. Die Fische schwimmen ruhig an dir vorbei.

Du selbst gleitest wie die Fische ruhig und durch den Taucheranzug sicher durch das warme, helle, sonnige Wasser. Du spürst, seitdem du mit Kapitän Nemo regelmäßig Unterwasserausflüge unternimmst, sehr schnell die besondere Wirkung des Wassers. Du sagst zu dir: *Meine beiden Arme sind auf besondere Art im Wasser schwer! Meine beiden Arme sind auf besondere Art schwer!* Auch deine Beine werden jetzt recht schnell auf besondere Art im Wasser schwer, und du sagst zu dir: *Meine beiden Beine sind auf besondere Art im Wasser schwer! Meine beiden Beine sind auf besondere Art schwer!*

Ihr schwimmt durch einen kleinen Unterwasserwald, in dem sich viele Fischschwärme und auch einige Seepferdchen aufhalten. Ihr kommt auf eine große Lichtung des Unterwasserwaldes, die hell und sonnendurchflutet ist. Kapitän Nemo deutet auf einen bestimmten Platz in der Lichtung des Unterwasserwaldes. Dorthin schwimmt ihr. Sehr bald erkennst du, dass hier einige Riesenschildkröten in der Sonne liegen und sich ihren Panzer aufwärmen. Kapitän Nemo gibt dir das Zeichen, langsam und vorsichtig an die Schildkröten heran zu schwimmen. Du schaust nach Kapitän Nemo und machst es ihm nach. Dabei denkst du: *„Nur ruhig Blut, dann geht alles gut!“* Zuerst setzt er sich in die Nähe einer großen Schildkröte. Du setzt dich neben ihn. Ihr wartet eine ganze Weile geduldig. Nachdem die Schildkröten sich an euch gewöhnt haben, kommen sie langsam und vorsichtig auf euch zu. Sie schauen euch neugierig aus ihren großen, runden, dunklen Augen an. Der Mund der Schildkröten ist so geformt, als ob sie lachen würden. Als sie bei euch ankommen, machen sie Halt; Kapitän Nemo streckt langsam seine Hand nach einer Schildkröte aus und streichelt ihr damit über den Kopf. Sie lässt es sich gefallen, und es scheint ihr dabei gut zu gehen. Kapitän Nemo schaut dich an und ermutigt dich, es ihm nachzutun. *„Nur ruhig Blut, dann geht alles gut!“*, denkst du für dich. Langsam streckst du deinen Arm aus und berührst vorsichtig zuerst mit den Fingerspitzen, dann mit deiner Hand den Kopf der Schildkröte. Sie wendet sich etwas mehr dir zu, und es scheint ihr zu gefallen, dass du sie streichelst. Nach einer Weile sind die Schildkröten sehr zutraulich geworden.

Kapitän Nemo schwimmt zu einer großen Schildkröte hin und setzt sich auf ihren Rücken. Du suchst dir eine etwas kleinere Riesenschildkröte aus und setzt dich ebenfalls auf ihren Rücken. Und nun geht ein Wettreiten im Zeitlupentempo los. Welche Schildkröte wird wohl das Rennen gewinnen? Es ist ein Riesenspaß, auf den Schildkröten zu sitzen und hin und her geschaukelt zu werden. Das Schaukeln ist mehr ein langsames Wiegen, und du genießt es. Da die Schildkröte einen sehr großen Panzer hat, brauchst du dich nicht festzuhalten, und bei diesem Tempo brauchst du erst recht keine Angst zu haben, von deinem Reittier herunterzufallen.

Bei diesem Zeitlupenritt wird es dir ganz warm und du sagst zu dir: *Meine beiden Arme sind ganz warm! Meine beiden Arme sind ganz warm!* Auch bei deinen Beinen stellst du diese angenehme Wärme fest und du sagst zu dir: *Meine beiden Beine sind ganz warm! Meine beiden Beine sind ganz warm!* So reiten Kapitän Nemo und du zweimal quer über die große Lichtung des Unterwasserwaldes. Die Sonne scheint auf euch nieder und wärmt dir zusätzlich Arme und Beine. Während du so langsam hin und hergeschaukelt wirst, sagst du zu dir: *Ich bin ganz ruhig, fühle mich wohl und sicher in meinem Taucheranzug! Meine Arme und Beine sind auf besondere Art im Wasser schwer und ganz warm!*

Als Kapitän Nemo an dir vorbeireitet, gibt er dir das Zeichen, dass ihr zum Unterwasserboot Nautilus zurückschwimmen müsst. Langsam rutschst du vom Rücken der Schildkröte herunter. Zum Abschied streichelst du ihr noch einmal sanft über den Kopf, und sie nickt dir, breit lächelnd, zum Abschied zu. Dann macht ihr euch, von einigen Fischen durch das helle, warme Wasser begleitet, auf den Rückweg. Ruhig und sicher, vom Taucheranzug gut eingehüllt und geschützt, schwimmst du mit Kapitän Nemo durch den Unterwasserwald zum Unterwasserboot Nautilus zurück. Nach einer Weile taucht es vor euch auf, und ihr schwimmt geradewegs darauf zu. Am Unterwasserboot Nautilus angekommen, steigst du durch die Luke in das Unterwasserboot hinein.

Willst du **nicht einschlafen,** weil du z.B. nun Hausaufgaben erledigen möchtest, dann geht die Geschichte so zu Ende:

Es ist so, als ob du aus einem schönen Traum erwachen würdest. Du beugst und streckst deine Arme und Beine. Nun holst du tief Luft und atmest sie langsam wieder aus, und du atmest noch einmal tief ein und wieder aus.

Wenn dir jemand die Geschichte vorgelesen hat und du mit geschlossenen Augen zugehört hast, dann wird es nun höchste Zeit, die Augen wieder zu öffnen.

Stehe nicht sofort auf, sondern warte noch einen Moment und richte dich dann erst langsam auf.

Willst du aber nun **einschlafen,** dann geht die Geschichte so zu Ende:

Du bist von dem Unterwasserausflug angenehm müde geworden. Kapitän Nemo hilft dir beim Ablegen des Sauerstoffgerätes, der Schwimmflossen, des Taucheranzuges und der Taucherbrille; sodann begleitet er dich bis zu deiner Koje, in die du dich hineinrollst und sofort in einen ruhigen Schlaf fällst und noch etwas vom Unterwasserausflug weiterträumst.

Die Muschelsuche

Vorbereitungen für den zehnten Unterwasserausflug

Stelle dir vor, du bist von Kapitän Nemo in sein Unterwasserboot Nautilus eingeladen worden. Ihr fahrt gemeinsam durch alle Weltmeere und seht viele wunderschöne Dinge unter Wasser. Die schönsten Stunden sind immer die, wenn Kapitän Nemo dich auf seine Unterwasserausflüge mitnimmt.

Dazu ziehst du einen speziellen Taucheranzug an. Er hat eine besondere Wirkung auf dich. Du merkst schon beim Anziehen, dass du vollkommen ruhig wirst.

Zuerst steigst du mit einem Bein in den Taucheranzug. Du merkst und sagst zu dir: *Mein Bein ist ganz ruhig.* Dann kommt das andere Bein dran. Auch dieses Bein wird ganz ruhig. Du sagst zu dir: *Mein anderes Bein ist ganz ruhig.* Du ziehst deinen Taucheranzug über den Po und den Rücken herauf. Dann schlüpfst du mit dem Arm in den Taucheranzug, und du sagst zu dir: *Mein Arm ist ganz ruhig.* Du ziehst den anderen Arm an und er wird auch vollkommen ruhig. Du sagst zu dir: *Mein anderer Arm ist ganz ruhig.* Du ziehst noch die Kapuze über den Kopf und machst den Reißverschluss vorne zu. Jetzt bist du von dem Taucheranzug rundherum eingehüllt und geschützt. Du fühlst dich in dem weiten und bequemen Taucheranzug wohl, sicher und vollkommen ruhig.

Zum Schluss ziehst du noch die Schwimmflossen an, setzt die Taucherbrille auf und Kapitän Nemo hilft dir, das Sauerstoffgerät auf den Rücken zu nehmen. Du nimmst das Mundstück in den Mund, so wie es dir Kapitän Nemo gezeigt hat, und jetzt bist du für den Unterwasserausflug mit Kapitän Nemo bereit.

Der zehnte Unterwasserausflug: Die Muschelsuche

Nachdem Kapitän Nemo durch die Ausstiegsluke des Nautilus ins Wasser geglitten ist, folgst du ihm. Du schwebst langsam auf den weichen, weißen Sand des Meeresbodens. Heute habt ihr vor, für das Muschelmuseum im Unterwasserboot Nautilus so vielfältige Muscheln zu sammeln, wie es nur möglich ist. Kapitän Nemo möchte die Muschelsammlung noch erweitern. Du freust dich schon darauf und bist gespannt, was ihr wohl alles finden und einsammeln werdet. Ihr schwimmt nebeneinander durch das helle, klare, warme Wasser, durch das die Sonne ihre Strahlen schickt und Fische, Steine, Korallen und Pflanzen in den buntesten Farben leuchten lässt. Einige Schwärme von Fischen begleiten euch. Sie schwimmen ruhig und sicher über und neben euch.

Du fühlst dich im Wasser ebenfalls ruhig, sicher und durch deinen Taucheranzug geschützt sowie auf eine besondere Art angenehm schwer. Du sagst zu dir: *Meine beiden Arme sind auf besondere Art im Wasser schwer! Meine beiden Arme sind auf besondere Art schwer!* Leicht bewegst du deine Beine auf und nieder und kommst auf diese Weise unter Wasser gut voran. Dabei bemerkst du die besondere Schwere auch in deinen Beinen. Du sagst zu dir: *Meine beiden Beine sind auf besondere Art im Wasser schwer! Meine beiden Beine sind auf besondere Art schwer!*

Ihr schwimmt durch das hohe Seegras an einem Korallenriff vorbei in eine Sandregion, die sich soweit erstreckt, wie das Auge reicht. Der Sand ist hellbraun, das Wasser leuchtet hellblau und viele bunte Fische, große und kleine, runde, schmale, längliche und kugelige, kannst du beobachten. Du siehst sogar einen Fisch, der eine viereckige Form hat. Es ist schon wundersam, was es in der Natur alles zu sehen und zu erleben gibt. Jeder von euch trägt einen Sack bei sich, der an einem Gürtel jedem um die Schulter hängt. In diesen Sack sollen die gesammelten Muscheln hineingelegt werden. Auf dem Meeressand werden nun immer mehr kleine Steine und Muscheln sichtbar.

Kapitän Nemo zeigt dir, dass ihr noch ein Stück weiter in eine Sandmulde schwimmen müsst, und dort sind tatsächlich Abermillionen von Muscheln. Er hat dir vorher seine Muschelsammlung gezeigt, sodass du weißt, welche er nicht mehr benötigt. Du setzt deinen ganzen Ehrgeiz daran, möglichst Muscheln zu finden, die Kapitän Nemo noch nicht in seinem Muschelmuseum hat. Du suchst nach ausgefallenen Farben, Formen und Größen. Einige findest du und legst sie in deinen Sack hinein. Das konzentrierte Suchen nach den Muscheln und das Umdrehen von Steinen lässt deine Arme und Beine ganz warm werden. Du sagst zu dir: *Meine beiden Arme sind ganz warm! Meine beiden Arme sind ganz warm!* Du schwebst über dem Meeressand und hältst nach weiteren Muscheln Ausschau. Manchmal steckst du auch einen besonders schönen Stein in deinen Sack. Deine Beine sind jetzt ebenfalls ganz warm geworden, und du sagst zu dir: *Meine beiden Beine sind ganz warm! Meine beiden Beine sind ganz warm!*

In der nächsten Mulde findest du eine Muschelart, die Kapitän Nemo zwar schon in seinem Museum hat, die dir aber ausgesprochen gut gefällt. Die Muscheln haben eine türkisblaue oder rosa Farbe und sind sehr klein und zierlich. An einer Stelle hat jede Muschel ein kleines Loch, und du bekommst die Idee, dir aus diesen Muscheln ein Armband oder eine Halskette zu basteln. Deshalb sammelst du von diesen Muscheln so viele ein, wie du nur kannst. Du achtest dabei darauf, dass du gleich viele türkisblaue und rosafarbene Muscheln in deinen Sack legst. Inzwischen ist dein Sack fast voll und schwer geworden. Zum Glück gibt dir Kapitän Nemo das Zeichen zum Zurückschwimmen, denn von alleine kannst du nicht aufhören, Muscheln zu sammeln. Jeder hat einen Sack voll, und du freust dich über deine Muschelernte.

Ihr schwimmt zurück, begleitet von einigen Fischen. Du fühlst dich ruhig, zufrieden und sicher in deinem Taucheranzug. Du sagst zu dir: *Meine Arme und Beine sind auf besondere Art im Wasser schwer! Meine Arme und Beine sind auf besondere Art schwer!* Kapitän Nemo hat dich inzwischen an der Hand genommen und zieht dich durch das Wasser; während du so durch das Wasser gleitest und die Fische betrachtest, spürst du auch die Wärme in deinen Gliedmaßen. Du sagst zu dir: *Meine Arme und Beine sind ganz warm! Meine Arme und Beine sind ganz warm!* Nun taucht wieder das Unterwasserboot Nautilus vor euch auf. Du schwimmst auf die Ausstiegsluke des Unterwasserbootes zu und kletterst hinein. Als du am Rand der Luke sitzt und deinen Sack ausleerst, betrachtest du deine gesammelten Schätze und bist stolz darauf, was du alles gefunden hast.

Willst du **nicht einschlafen,** weil du z.B. nun Hausaufgaben erledigen möchtest, dann geht die Geschichte so zu Ende:

Es ist so, als ob du aus einem schönen Traum erwachen würdest. Du beugst und streckst deine Arme und Beine. Nun holst du tief Luft und atmest sie langsam wieder aus, und du atmest noch einmal tief ein und wieder aus.

Wenn dir jemand die Geschichte vorgelesen hat und du mit geschlossenen Augen zugehört hast, dann wird es nun höchste Zeit, die Augen wieder zu öffnen.

Stehe nicht sofort auf, sondern warte noch einen Moment und richte dich dann erst langsam auf.

Willst du aber nun **einschlafen,** dann geht die Geschichte so zu Ende:

Du bist von dem Unterwasserausflug angenehm müde geworden. Kapitän Nemo hilft dir beim Ablegen des Sauerstoffgerätes, der Schwimmflossen, des Taucheranzuges und der Taucherbrille; sodann begleitet er dich bis zu deiner Koje, in die du dich hineinrollst und sofort in einen ruhigen Schlaf fällst und noch etwas vom Unterwasserausflug weiterträumst.

Die Walfamilie

Vorbereitungen für den elften Unterwasserausflug

Stelle dir vor, du bist von Kapitän Nemo in sein Unterwasserboot Nautilus eingeladen worden. Ihr fahrt gemeinsam durch alle Weltmeere und seht viele wunderschöne Dinge unter Wasser. Die schönsten Stunden sind immer die, wenn Kapitän Nemo dich auf seine Unterwasserausflüge mitnimmt.

Dazu ziehst du einen speziellen Taucheranzug an. Er hat eine besondere Wirkung auf dich. Du merkst schon beim Anziehen, dass du vollkommen ruhig wirst.

Zuerst steigst du mit einem Bein in den Taucheranzug. Du merkst und sagst zu dir: *Mein Bein ist ganz ruhig.* Dann kommt das andere Bein dran. Auch dieses Bein wird ganz ruhig. Du sagst zu dir: *Mein anderes Bein ist ganz ruhig.* Du ziehst deinen Taucheranzug über den Po und den Rücken herauf. Dann schlüpfst du mit dem einen Arm in den Taucheranzug, und du sagst zu dir: *Mein Arm ist ganz ruhig.* Du ziehst den anderen Arm an und er wird auch vollkommen ruhig. Du sagst zu dir: *Mein anderer Arm ist ganz ruhig.* Du ziehst noch die Kapuze über den Kopf und machst den Reißverschluss vorne zu. Jetzt bist du von dem Taucheranzug rundherum eingehüllt und geschützt. Du fühlst dich in dem weiten und bequemen Taucheranzug wohl, sicher und vollkommen ruhig.

Zum Schluss ziehst du noch die Schwimmflossen an, setzt die Taucherbrille auf und Kapitän Nemo hilft dir, das Sauerstoffgerät auf den Rücken zu nehmen. Du nimmst das Mundstück in den Mund, so wie es dir Kapitän Nemo gezeigt hat, und jetzt bist du für den Unterwasserausflug mit Kapitän Nemo bereit.

Der elfte Unterwasserausflug: Die Walfamilie

Nacheinander gleiten Kapitän Nemo und du durch die Ausstiegsluke des Nautilus ins Wasser. Du landest weich auf dem feinen, weißen Sand des Meeresbodens. Heute will Kapitän Nemo mit dir eine Walherde suchen, die eventuell auch Babys hat. Er möchte dir die beeindruckend großen Blauwale zeigen. So schwimmt ihr durch das helle, warme, sonnendurchflutete Wasser, und kleine Fische begleiten euch wieder auf eurem Weg.

Du schwimmst ruhig und sicher in deinem Taucheranzug durch die Unterwasserwelt und bemerkst sofort wieder an deinem Körper die besondere Wirkung des Wassers. Du sagst zu dir: *Meine beiden Arme sind auf besondere Art im Wasser schwer! Meine beiden Arme sind auf besondere Art schwer!* Kapitän Nemo schwimmt neben dir und macht eine halbe Drehung, sodass er auf dem Rücken liegt. Eine ganze Weile schwimmt er so auf dem Rücken. Du probierst es ebenfalls aus und findest es sehr angenehm. Dabei stellst du auch die Schwere in deinen Beinen fest und du sagst zu dir: *Meine beiden Beine sind auf besondere Art im Wasser schwer! Meine beiden Beine sind auf besondere Art schwer!* Nun dreht ihr euch wieder auf den Bauch, und mit leichten Beinbewegungen kommt ihr zügig voran. Schon von Weitem erkennst du die Wale, denn sie sind riesig groß.

Blauwale sind die größten Säugetiere auf unserer Erde, und du bekommst ziemlichen Respekt, als ihr euch den Walen nähert. Du musst ein paar Mal den Kapitän-Nemo-Spruch sagen, um ruhig zu werden: *„Nur ruhig Blut, dann geht alles gut! Nur ruhig Blut, dann geht alles gut!“* Kapitän Nemo an deiner Seite lächelt dir zu und beruhigt dich dadurch zudem, sodass du dich wieder ganz auf die großen Meeressäuger konzentrieren kannst. Es sind vier große Wale und ein kleiner, welcher das Walbaby ist. Es handelt sich um Blauwale, die, wie du nachgelesen hast, bis zu 30 Meter lang werden können. Die Wale sind Lungenatmer, und sie müssen deshalb immer wieder zur Wasseroberfläche auftauchen, um Luft zu holen.

Dabei spritzen sie riesige Wasserfontänen in die Luft. Du kannst es daran erkennen, dass das Wasser wieder auf die Oberfläche des Meeres zurückplatscht. Haben Wale Luft geholt, können sie sich einige Minuten bis zu einer Stunde unter Wasser aufhalten.

Das Walbaby hat mindestens eine Länge von sieben bis acht Metern. Es schwimmt um die großen Wale herum und wird von diesen gut beschützt. Ihr setzt euch in sicherer Entfernung auf einen Hügel und beobachtet diese großen Tiere des Meeres. Während du so neben Kapitän Nemo sitzt, er deine Hand hält und du die gewaltigen Tiere betrachtest, kommt eine andere Walart zu euch heran geschwommen. Sie ist nur zwei Meter lang und nähert sich euch vorsichtig. Nach einer Weile haben sich die Wale an euch gewöhnt und lassen sich von euch streicheln. Dabei wird dir vor Freude ganz warm, und du sagst zu dir: *Meine beiden Arme sind ganz warm! Meine beiden Arme sind ganz warm!* Kurz darauf spürst du auch die Wärme in deinen Beinen, und du sagst zu dir: *Meine beiden Beine sind ganz warm! Meine beiden Beine sind ganz warm!*

Obwohl die großen Blauwale sich langsam entfernt haben und weitergeschwommen sind, könnt ihr sie immer noch gut sehen. Dies liegt an ihrer gewaltigen Größe. Nun verlassen euch auch die kleinen Wale, die immer wieder um euch herumgeschwommen sind und die sich von euch streicheln ließen. Es ist für euch ebenfalls Zeit, zum Unterwasserboot Nautilus zurückzukehren. Ein paar Mal blickst du noch zu den beeindruckenden Tieren zurück. Inzwischen sind sie ganz klein geworden. Zufrieden, ruhig und sicher gleitest du neben Kapitän Nemo durch das Wasser. Du sagst noch einmal zu dir: *Meine Arme und Beine sind auf besondere Art im Wasser schwer! Meine Arme und Beine sind auf besondere Art schwer!* Auch die Wärme spürst du deutlich, einschließlich eines Kribbelns und Kitzelns in den Finger- und Fußspitzen. Du sagst zu dir: *Meine Arme und Beine sind ganz warm! Meine Arme und Beine sind ganz warm!* Nun taucht das Unterwasserboot Nautilus vor euch auf. Ruhig und sicher schwimmt ihr darauf zu. Beim Nautilus angekommen, steigst du durch die Luke in das Unterwasserboot hinein.

Willst du **nicht einschlafen,** weil du z.B. nun Hausaufgaben erledigen möchtest, dann geht die Geschichte so zu Ende:

Es ist so, als ob du aus einem schönen Traum erwachen würdest. Du beugst und streckst deine Arme und Beine. Nun holst du tief Luft und atmest sie langsam wieder aus, und du atmest noch einmal tief ein und wieder aus.

Wenn dir jemand die Geschichte vorgelesen hat und du mit geschlossenen Augen zugehört hast, dann wird es nun höchste Zeit, die Augen wieder zu öffnen.

Stehe nicht sofort auf, sondern warte noch einen Moment und richte dich dann erst langsam auf.

Willst du aber nun **einschlafen,** dann geht die Geschichte so zu Ende:

Du bist von dem Unterwasserausflug angenehm müde geworden. Kapitän Nemo hilft dir beim Ablegen des Sauerstoffgerätes, der Schwimmflossen, des Taucheranzuges und der Taucherbrille; sodann begleitet er dich bis zu deiner Koje, in die du dich hineinrollst und sofort in einen ruhigen Schlaf fällst und noch etwas vom Unterwasserausflug weiterträumst.

Der Unterwasserwald

Vorbereitungen für den zwölften Unterwasserausflug

Stelle dir vor, du bist von Kapitän Nemo in sein Unterwasserboot Nautilus eingeladen worden. Ihr fahrt gemeinsam durch alle Weltmeere und seht viele wunderschöne Dinge unter Wasser. Die schönsten Stunden sind immer die, wenn Kapitän Nemo dich auf seine Unterwasserausflüge mitnimmt.

Dazu ziehst du einen speziellen Taucheranzug an. Er hat eine besondere Wirkung auf dich. Du merkst schon beim Anziehen, dass du vollkommen ruhig wirst.

Zuerst steigst du mit einem Bein in den Taucheranzug. Du merkst und sagst zu dir: *Mein Bein ist ganz ruhig.* Dann kommt das andere Bein dran. Auch dieses Bein wird ganz ruhig. Du sagst zu dir: *Mein anderes Bein ist ganz ruhig.* Du ziehst deinen Taucheranzug über den Po und den Rücken herauf. Dann schlüpfst du mit dem einen Arm in den Taucheranzug, und du sagst zu dir: *Mein Arm ist ganz ruhig.* Du ziehst den anderen Arm an und er wird auch vollkommen ruhig. Du sagst zu dir: *Mein anderer Arm ist ganz ruhig.* Du ziehst noch die Kapuze über den Kopf und machst den Reißverschluss vorne zu. Jetzt bist du von dem Taucheranzug rundherum eingehüllt und geschützt. Du fühlst dich in dem weiten und bequemen Taucheranzug wohl, sicher und vollkommen ruhig.

Zum Schluss ziehst du noch die Schwimmflossen an, setzt die Taucherbrille auf und Kapitän Nemo hilft dir, das Sauerstoffgerät auf den Rücken zu nehmen. Du nimmst das Mundstück in den Mund, so wie es dir Kapitän Nemo gezeigt hat, und jetzt bist du für den Unterwasserausflug mit Kapitän Nemo bereit.

Der zwölfte Unterwasserausflug: Der Unterwasserwald

Kapitän Nemo gleitet als Erster ins Wasser; du folgst ihm durch die Ausstiegsluke des Nautilus. Du schwebst langsam auf den weichen, weißen Meeresboden. Das Wasser ist hell und sonnendurchflutet sowie angenehm warm. Heute hat Kapitän Nemo vor, dir einen Unterwasserwald zu zeigen. Ihr schwimmt los, und wie meistens begleiten euch kleine Fische.

Dein Taucheranzug umgibt dich ganz, und du fühlst dich wohl und geschützt. Heute leuchten die Fische besonders farbenprächtig. Ihr schwimmt über Korallen hinweg, über Felder mit Seegräsern, die immer dichter und buschiger werden. Scheinbar kündigt sich der Unterwasserwald schon an. Nach einer Weile seid ihr dort endlich angekommen. In einem Unterwasserwald wachsen Sträucher, die so groß sind wie die Bäume auf dem Land. Diese Pflanzen des Waldes haben nur schmale, längliche und keine breiten Blätter. Sie wachsen nicht wie auf dem Land in alle Himmelsrichtungen, sondern senkrecht nach oben, immer dem Sonnenlicht entgegen. Es sieht so aus, als ob sie aus dem Meer herausschauen wollten. Dabei bemerkst du, wie deine Arme und Beine auf besondere Art angenehm schwer werden. Du sagst zu dir: *Meine beiden Arme sind auf besondere Art im Wasser schwer! Meine beiden Arme sind auf besondere Art schwer! Auch meine beiden Beine sind auf besondere Art im Wasser schwer! Auch meine beiden Beine sind auf besondere Art schwer!*

In diesem Unterwasserwald gibt es viele bunte Fische, große und kleine. Manche sind dick, andere dünn und wieder andere flach wie ein Pfannkuchen. In dem Unterwasserwald entdeckst du eine Fischart, deren Schwanzflosse wie ein langer Hochzeitsschleier geformt ist. Das findest du lustig. Die Fische schwimmen manchmal durch die Sträucher und Bäume hindurch, als ob sie Versteck mit dir spielen wollten. Von Zeit zu Zeit taucht ein Fisch vor dir auf und grinst dich aus einem breiten Maul an. Unwillkürlich musst du darüber lachen.

Ein Unterwasserwald ist insofern etwas ganz besonderes, als man in die höchsten Wipfel der Bäume ohne Probleme hinaufklettern kann, ohne dass man Gefahr läuft herunterzufallen. So leicht bist du selten in einen Baumwipfel hinauf- und wieder hinuntergeklettert. In einigen Ästen mit dichtem Blattwerk siehst du kleine bunte Fische schlafen, ebenso kleine Schildkröten und Schnecken. Kapitän Nemo nimmt dich an der Hand und führt dich in eine große dichte Baumkrone. Von dort aus habt ihr einen wunderbaren Blick über den gesamten Unterwasserwald. Du kommst dir vor wie Tarzan unter Wasser. Ihr liegt in diesem Baumwipfel wie in einem Bett, und die Blätter umgeben dich und Kapitän Nemo, als ob sie eine wunderbare große Zudecke wären. Dabei fällt dir ein, wie angenehm warm es unter einer Bettzudecke ist. Du sagst zu dir: *Meine beiden Arme sind ganz warm! Meine beiden Arme sind ganz warm! Auch meine beiden Beine sind ganz warm! Meine beiden Beine sind ganz warm!*

Nachdem ihr euch ausgeruht habt und du alles betrachtet hast, klettert ihr aus den Baumwipfeln wieder herunter. Kapitän Nemo führt dich sicher durch den Unterwasserwald zum Unterwasserboot Nautilus zurück. Eine Reihe von Fischen begleitet euch wieder. Du fühlst dich ruhig, sicher und schwimmst mit *angenehm schweren Armen und Beinen* durch das Wasser. Deine *Arme und Beine sind auch ganz warm.* In der Ferne taucht das Unterwasserboot Nautilus vor euch auf. Der Unterwasserwald liegt nun schon hinter euch. Du drehst dich noch einmal um und es fallen dir nun die vielen Grüntöne des Unterwasserwaldes aus der Ferne besonders auf. Das Unterwasserboot Nautilus ist näher gerückt und du schwimmst ruhig und sicher, *auf besondere Art angenehm schwer und warm* auf die Luke des Unterwasserbootes Nautilus zu. Du kletterst in das Unterwasserboot hinein und setzt dich am Rande der Luke hin.

Willst du **nicht einschlafen,** weil du z. B. nun Hausaufgaben erledigen möchtest, dann geht die Geschichte so zu Ende:

Es ist so, als ob du aus einem schönen Traum erwachen würdest. Du beugst und streckst deine Arme und Beine. Nun holst du tief Luft und atmest sie langsam wieder aus, und du atmest noch einmal tief ein und wieder aus.

Wenn dir jemand die Geschichte vorgelesen hat und du mit geschlossenen Augen zugehört hast, dann wird es nun höchste Zeit, die Augen wieder zu öffnen.

Stehe nicht sofort auf, sondern warte noch einen Moment und richte dich dann erst langsam auf.

Willst du aber nun **einschlafen,** dann geht die Geschichte so zu Ende:

Du bist von dem Unterwasserausflug angenehm müde geworden. Kapitän Nemo hilft dir beim Ablegen des Sauerstoffgerätes, der Schwimmflossen, des Taucheranzuges und der Taucherbrille; sodann begleitet er dich bis zu deiner Koje, in die du dich hineinrollst und sofort in einen ruhigen Schlaf fällst und noch etwas vom Unterwasserausflug weiterträumst.

Das versunkene Piratenschiff

Vorbereitungen für den dreizehnten Unterwasserausflug

Stelle dir vor, du bist von Kapitän Nemo in sein Unterwasserboot Nautilus eingeladen worden. Ihr fahrt gemeinsam durch alle Weltmeere und seht viele wunderschöne Dinge unter Wasser. Die schönsten Stunden sind immer die, wenn Kapitän Nemo dich auf seine Unterwasserausflüge mitnimmt.

Dazu ziehst du einen speziellen Taucheranzug an. Er hat eine besondere Wirkung auf dich. Du merkst schon beim Anziehen, dass du vollkommen ruhig wirst.

Zuerst steigst du mit einem Bein in den Taucheranzug. Du merkst und sagst zu dir: *Mein Bein ist ganz ruhig.* Dann kommt das andere Bein dran. Auch dieses Bein wird ganz ruhig. Du sagst zu dir: *Mein anderes Bein ist ganz ruhig.* Du ziehst deinen Taucheranzug über den Po und den Rücken herauf. Dann schlüpfst du mit dem einen Arm in den Taucheranzug, und du sagst zu dir: *Mein Arm ist ganz ruhig.* Du ziehst den anderen Arm an und er wird auch vollkommen ruhig. Du sagst zu dir: *Mein anderer Arm ist ganz ruhig.* Du ziehst noch die Kapuze über den Kopf und machst den Reißverschluss vorne zu. Jetzt bist du von dem Taucheranzug rundherum eingehüllt und geschützt. Du fühlst dich in dem weiten und bequemen Taucheranzug wohl, sicher und vollkommen ruhig.

Zum Schluss ziehst du noch die Schwimmflossen an, setzt die Taucherbrille auf und Kapitän Nemo hilft dir, das Sauerstoffgerät auf den Rücken zu nehmen. Du nimmst das Mundstück in den Mund, so wie es dir Kapitän Nemo gezeigt hat, und jetzt bist du für den Unterwasserausflug mit Kapitän Nemo bereit.

Der dreizehnte Unterwasserausflug: Das versunkene Piratenschiff

Nacheinander gleiten Kapitän Nemo und du durch die Ausstiegsluke des Nautilus ins Wasser. Du landest weich auf dem feinen, weißen Sand des Meeresbodens. Heute möchte Kapitän Nemo etwas ganz Besonderes mit dir unternehmen, nämlich ein Piratenschiff mit dir zusammen erobern. Es ist im Mittelalter bei einem Kampf auf dem Meer versenkt worden. Kapitän Nemo hofft, dass er es wiederfindet. Er hat es schon einmal besichtigt und dir davon berichtet.

Ihr schwimmt durch das helle, warme Wasser; die Sonne schickt ihre Strahlen durch das Wasser hindurch und lässt alles in den schönsten Farben leuchten. Die Fische sind eure vertrauten Begleiter; sie schwimmen ruhig und sicher neben euch her. Du fühlst dich ebenfalls vollkommen ruhig, sicher und durch deinen Taucheranzug im Wasser geschützt sowie auf besondere Art angenehm schwer. Du merkst es zuerst wieder bei deinen Armen und sagst zu dir: *Meine beiden Arme sind auf besondere Art im Wasser schwer! Meine beiden Arme sind auf besondere Art schwer!* Ruhig und sicher schwimmst du weiter neben Kapitän Nemo her und sagst nun zu dir: *Meine beiden Beine sind auf besondere Art im Wasser schwer! Meine beiden Beine sind auf besondere Art schwer!*

So schwimmt ihr, mit Schaufeln ausgerüstet, durch das helle, klare, warme Wasser. Du hoffst sehr, dass Kapitän Nemo das versunkene Piratenschiff wiederfindet. Nach einer Weile hält er an und schaut sich um. Als es weitergeht, schwimmt ihr in eine andere Richtung. Ob die Wellen des Meeres so viel Sand bewegt haben, dass dadurch das versunkene Piratenschiff ganz und gar zugedeckt wurde und deshalb nicht mehr zu finden ist? Der Gedanke stimmt dich traurig. Denn du hast dich auf das Piratenschiff schon sehr gefreut.

Plötzlich zeigt Kapitän Nemo auf einen Sandhügel. Ihr schwimmt auf den Hügel zu und um ihn herum. Da taucht in der Tat ein Teil des versunkenen Piratenschiffes vor euch auf. Der mittlere Teil und der Bug des Schiffes sind gut zu sehen. Das Heck ist ziemlich stark mit Sand zugedeckt. Kapitän Nemo gibt dir das Zeichen, dass du zuerst einmal warten sollst. Du bist ganz ungeduldig, und du möchtest am liebsten gleich mitschwimmen. Der Kapitän-Nemo-Spruch hilft dir zu warten: *„Nur ruhig Blut, dann geht alles gut!"* Mit diesem Spruch schaffst du es tatsächlich zu warten, obwohl es dir sehr schwer fällt.

Du beobachtest, wie Kapitän Nemo zu diesem Piratenschiff hinschwimmt und es untersucht. Nach einiger Zeit winkt er dir, dass du nachkommen kannst. Du freust dich, endlich dieses Piratenschiff erobern zu können. Es ist ganz aus Holz, was man allerdings kaum noch erkennen kann, da sich an vielen Stellen Algen und andere Unterwasserpflanzen festgesetzt haben und Teile des Schiffes bedecken. Kapitän Nemo entdeckt die Kapitänskajüte, die zu einem Teil mit Sand zugedeckt ist. Ihr nehmt eure Schippen und schaufelt den Sand zur Seite. Dabei wird dir tüchtig warm. Du sagst zu dir: *Meine beiden Arme sind ganz warm! Meine beiden Arme sind ganz warm!* Die körperliche Arbeit wirkt sich auch auf deine Beine aus, denn du musst immer hin- und herschwimmen, damit sich der Sand weit genug vom Piratenschiff ablagert und nicht gleich wieder durch die Bewegung des Meeres in die Kapitänskajüte hineingetragen wird. Du sagst zu dir: *Meine beiden Beine sind ganz warm! Meine beiden Beine sind ganz warm!*

Nach einer gewissen Zeit habt ihr die Kajüte freigelegt. Nun könnt ihr hinein schwimmen und sie genau untersuchen. Ihr findet darin einen alten Stuhl aus wunderbar geschnitztem Holz. Dies kann man allerdings nur erahnen, da das Salzwasser schon tüchtige Arbeit geleistet hat. In einer anderen Ecke ist eine sehr große Kiste. Du hoffst auf einen Schatz darin. Kapitän Nemo und du versuchen, die Kiste zu öffnen. Es ist eine harte Arbeit, aber ihr schafft es. Während ihr den Deckel hochhebt, steigt deine Neugierde. Aber: In der Kiste ist außer Sand und Wasser nichts enthalten. Ihr verlasst die Kapitänskajüte wieder und schwimmt zu einem anderen Teil des riesigen Schiffes, und zwar zum Steuerrad. Du versuchst es hin- und herzubewegen, was dir aber nicht gelingt. Du hältst es in deinen beiden Händen und stellst dir vor, du bist der gefürchtetste Pirat der Weltmeere und steuerst gerade auf eine warme Insel zu. Du fühlst dich dabei ruhig, sicher, angenehm schwer und warm.

Kapitän Nemo weckt dich aus deinen Träumen auf und gibt dir das Zeichen zum Zurückschwimmen. Ihr nehmt eure Schaufeln und macht euch auf den Weg zurück zum Unterwasserboot Nautilus. Ein paar Mal drehst du dich noch zu dem versunkenen Piratenschiff um und stellst dir vor, wie du als Kapitän des Schiffes stolz auf dem Deck hin und her marschierst. Eingehüllt in deinen schützenden Taucheranzug schwimmst du zufrieden und ruhig zurück zum Unterwasserboot Nautilus. Du sagst dabei zu dir: *Meine Arme und Beine sind auf besondere Art im Wasser schwer! Meine Arme und Beine sind auf besondere Art schwer!* Du spürst auch deutlich, wie durch deinen ganzen Körper eine angenehme Wärme fließt, und du sagst zu dir: *Meine Arme und Beine sind ganz warm! Meine Arme und Beine sind ganz warm!* Nun seid ihr beim Unterwasserboot angelangt und du steigst durch die Luke in das Boot hinein.

Willst du **nicht einschlafen,** weil du z.B. nun Hausaufgaben erledigen möchtest, dann geht die Geschichte so zu Ende:

Es ist so, als ob du aus einem schönen Traum erwachen würdest. Du beugst und streckst deine Arme und Beine. Nun holst du tief Luft und atmest sie langsam wieder aus, und du atmest noch einmal tief ein und wieder aus.

Wenn dir jemand die Geschichte vorgelesen hat und du mit geschlossenen Augen zugehört hast, dann wird es nun höchste Zeit, die Augen wieder zu öffnen.

Stehe nicht sofort auf, sondern warte noch einen Moment und richte dich dann erst langsam auf.

Willst du aber nun **einschlafen,** dann geht die Geschichte so zu Ende:

Du bist von dem Unterwasserausflug angenehm müde geworden. Kapitän Nemo hilft dir beim Ablegen des Sauerstoffgerätes, der Schwimmflossen, des Taucheranzuges und der Taucherbrille; sodann begleitet er dich bis zu deiner Koje, in die du dich hineinrollst und sofort in einen ruhigen Schlaf fällst und noch etwas vom Unterwasserausflug weiterträumst.

Die Unterwasserhöhle

Vorbereitungen für den vierzehnten Unterwasserausflug

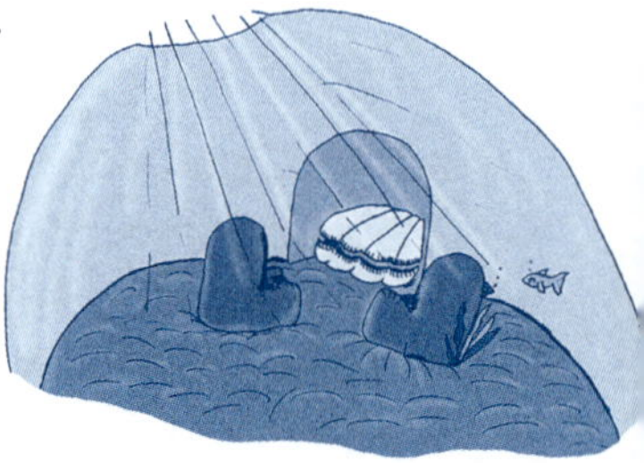

Stell dir vor, du bist von Kapitän Nemo in sein Unterwasserboot Nautilus eingeladen worden. Ihr fahrt gemeinsam durch alle Weltmeere und seht viele wunderschöne Dinge unter Wasser. Die schönsten Stunden sind immer die, wenn Kapitän Nemo dich auf seine Unterwasserausflüge mitnimmt.

Dazu ziehst du einen speziellen Taucheranzug an. Er hat eine besondere Wirkung auf dich. Du merkst schon beim Anziehen, dass du vollkommen ruhig wirst.

Zuerst steigst du mit einem Bein in den Taucheranzug. Du merkst und sagst zu dir: *Mein Bein ist ganz ruhig.* Dann kommt das andere Bein dran. Auch dieses Bein wird ganz ruhig. Du sagst zu dir: *Mein anderes Bein ist ganz ruhig.* Du ziehst deinen Taucheranzug über den Po und den Rücken herauf. Dann schlüpfst du mit dem einen Arm in den Taucheranzug, und du sagst zu dir: *Mein Arm ist ganz ruhig.* Du ziehst den anderen Arm an und er wird auch vollkommen ruhig. Du sagst zu dir: *Mein anderer Arm ist ganz ruhig.* Du ziehst noch die Kapuze über den Kopf und machst den Reißverschluss vorne zu. Jetzt bist du von dem Taucheranzug rundherum eingehüllt und geschützt. Du fühlst dich in dem weiten und bequemen Taucheranzug wohl, sicher und vollkommen ruhig.

Zum Schluss ziehst du noch die Schwimmflossen an, setzt die Taucherbrille auf und Kapitän Nemo hilft dir, das Sauerstoffgerät auf den Rücken zu nehmen. Du nimmst das Mundstück in den Mund, so wie es dir Kapitän Nemo gezeigt hat, und jetzt bist du für den Unterwasserausflug mit Kapitän Nemo bereit.

Der vierzehnte Unterwasserausflug: Die Unterwasserhöhle

Kapitän Nemo gleitet ins Wasser und du folgst ihm durch die Ausstiegsluke des Nautilus. Langsam schwebst du auf den weichen, weißen Sand des Meeresbodens. Heute hat dir Kapitän Nemo eine Überraschung versprochen. Allerdings will er dir noch nicht verraten, um was es sich handelt. Du bist aber sicher, dass es etwas Besonderes sein wird.

So schwimmst du in deinem schützenden Taucheranzug neben Kapitän Nemo durch das helle, warme, sonnendurchflutete Wasser. Unter dir gleiten die Steine und Muscheln vorbei und leuchten in den schönsten Farben. Neben und über dir begleiten dich wie immer Fische. Intensiv leuchten ihre blauen, grünen, roten und lila Schuppen. Ruhig und sicher wie die Fische gleitest du neben Kapitän Nemo durch das Wasser. Du spürst sehr bald wieder die besondere Wirkung des Wassers, und zwar bei deinen Armen und Beinen. Du sagst zu dir: *Meine beiden Arme sind auf besondere Art im Wasser schwer! Meine beiden Arme sind auf besondere Art schwer! Auch meine beiden Beine sind auf besondere Art im Wasser schwer! Meine beiden Beine sind auf besondere Art schwer!*

Während du so durch das Wasser gleitest, erblickst du in der Ferne mehrere runde und funkelnde Felsen. Kapitän Nemo schwimmt zielsicher auf diese Felsen zu. Du fragst dich neugierig, was sich wohl dahinter verbirgt. Kapitän Nemo schwimmt um einige Felskegel herum, als ob er etwas suchen würde. Du folgst ihm. Eine kleine Herde von Seepferdchen hüpft an einer sehr hellen Stelle zwischen den Felsen lustig auf und ab. Ihr schwimmt auf die Seepferdchenherde zu, und du bist von den gleichmäßigen Bewegungen der Tiere immer wieder neu fasziniert. Während ihr euch der hellen Stelle im Felsen nähert, stellst du fest, dass es sich um einen hell erleuchteten, breiten Eingang in eine Höhle handelt. Inzwischen ist die Seepferdchenherde nicht mehr zu sehen, denn sie ist in dem Höhleneingang verschwunden. Ruhig schwimmst du neben Kapitän Nemo in die Unterwasserhöhle hinein. Dabei denkst du: *„Nur ruhig Blut, dann geht alles gut!“* In manchen Situationen sagst du den Spruch schon automatisch, und er hilft dir jedes Mal.

Ihr erreicht eine geräumige und wunderschöne Höhle, die an ihrer Decke ein großes rundes Loch aufweist. Durch diese Öffnung scheint die Sonne in die Höhle hinein und lässt die Höhle in silbernen und grünglänzenden Farben erleuchten. Der Boden der Höhle ist mit weichem, sanftem Moos bedeckt. An einer Höhlenwand befindet sich eine Steinmulde, die besonders hell das Sonnenlicht reflektiert. Du schwimmst mit Kapitän Nemo darauf zu und erkennst, dass eine Muschel in riesiger Größe in dieser Mulde liegt, als ob sie aus dem Stein gemeißelt wäre.

Vor der Mulde sind zwei Steine, die wie zwei Sessel geformt sind. Kapitän Nemo deutet darauf und setzt sich in einen dieser Steinsessel hinein. Du folgst ihm und bist überrascht, denn der Steinsessel ist ganz warm. Dies liegt daran, dass hier besonders viele Sonnenstrahlen auftreffen. Durch die Sonnenstrahlen und den warmen Steinsessel wird dein Körper erwärmt, ganz besonders deine Arme und Beine. Du sagst zu dir: *Meine beiden Arme sind ganz warm! Meine beiden Arme sind ganz warm! Auch meine beiden Beine sind ganz warm! Meine beiden Beine sind ganz warm!* Du sitzt in diesem Steinsessel wie eine kleine Prinzessin oder ein kleiner Prinz und bewunderst diese Naturschöpfung. Du fühlst dich ruhig, sicher, eingehüllt und geschützt von deinem Taucheranzug, *mit angenehm schweren Armen und Beinen sowie am ganzen Körper warm.*

Du schaust auf die große Muschel in der Steinmulde und traust deinen Augen kaum, als sie sich langsam zu öffnen beginnt. Die Muschel sieht wie eine übergroße Herzmuschel aus und hat auf ihrer Außenseite sehr gleichmäßige Rippen. Es dauert einige Sekunden, bis sich die Muschel ganz geöffnet hat. Je mehr sich die Muschel öffnet, umso heller wird das Licht in der Höhle. Die Muschel ist innen ganz und gar mit Perlmutt ausgekleidet, welches leuchtet und funkelt, wodurch die Höhle noch heller wird. Im Inneren der Muschel erkennst du eine riesengroße, gleichmäßig rund geformte, elfenbeinweiße Perle. So etwas Wunderschönes hast du noch nie gesehen. Auch Kapitän Nemo neben dir betrachtet konzentriert die Muschel mit ihrem Schatz. *Mit angenehm schweren Armen und Beinen, am ganzen Körper warm,* sitzt du auf deinem Steinthron und betrachtest die Muschel mit ihrer Perle. Nach einigen Minuten beginnt die Muschel sich wieder zu schließen.

Dann stehst du auf und schwimmst wieder in die Mitte der Höhle. Du legst dich in das weiche, grün schillernde Moos direkt unter der Öffnung der Höhlendecke. Du lässt dir die Sonne auf den Bauch scheinen und dein ganzer Körper fühlt sich wohlig warm an. Nach einigen Minuten kommt Kapitän Nemo zu dir und gibt dir das Zeichen, dass ihr zum Unterwasserboot Nautilus zurückkehren müsst. Ruhig und zufrieden, *mit angenehm schweren Armen und Beinen sowie am ganzen Körper warm,* gleitest du leicht durch das Wasser. Ihr habt inzwischen den Ausgang der Unterwasserhöhle erreicht, schwimmt durch diesen breiten Einlass hindurch und trefft draußen vor der Höhle wieder die kleine Herde Seepferdchen. Auf dem Weg zurück zum Unterwasserboot drehst du dich noch einige Male zu den runden funkelnden Felsen um. Dies war wirklich eine wunderbare Überraschung von Kapitän Nemo. Ruhig, sicher, angenehm schwer und warm schwimmst du mit den kleinen Fischen und Kapitän Nemo zurück. Inzwischen ist das Unterwasserboot Nautilus vor euch aufgetaucht. Du steigst als Erster durch die Luke in das Unterwasserboot hinein.

Willst du **nicht einschlafen,** weil du z. B. nun Hausaufgaben erledigen möchtest, dann geht die Geschichte so zu Ende:

Es ist so, als ob du aus einem schönen Traum erwachen würdest. Du beugst und streckst deine Arme und Beine. Nun holst du tief Luft und atmest sie langsam wieder aus, und du atmest noch einmal tief ein und wieder aus.

Wenn dir jemand die Geschichte vorgelesen hat und du mit geschlossenen Augen zugehört hast, dann wird es nun höchste Zeit, die Augen wieder zu öffnen.

Stehe nicht sofort auf, sondern warte noch einen Moment und richte dich dann erst langsam auf.

Willst du aber nun **einschlafen,** dann geht die Geschichte so zu Ende:

Du bist von dem Unterwasserausflug angenehm müde geworden. Kapitän Nemo hilft dir beim Ablegen des Sauerstoffgerätes, der Schwimmflossen, des Taucheranzuges und der Taucherbrille; sodann begleitet er dich bis zu deiner Koje, in die du dich hineinrollst und sofort in einen ruhigen Schlaf fällst und noch etwas vom Unterwasserausflug weiterträumst.

Anhang

Literatur

Hampel, P. & Petermann, F. (2017). *Cool bleiben – Stress vermeiden. Das Anti-Stress-Training für Kinder* (3., vollst. überarb. Aufl.). Weinheim: Beltz.

Klein-Heßling, J. & Lohaus, A. (1995). Stressbewältigung im Kindesalter: Modifikation und Evaluation einer Präventionsmaßnahme. *Kindheit und Entwicklung, 4,* 240–247.

Petermann, F. (2020). Entspannungsverfahren – eine Einführung. In F. Petermann (Hrsg.), *Entspannungsverfahren. Das Praxishandbuch* (6., überarbeitete Aufl.). Weinheim: Beltz.

Petermann, F. & Petermann, U. (2023). *Training mit aggressiven Kindern* (14., vollständig überarb. Aufl.). Weinheim: Beltz.

Petermann, U. (2020). Angststörungen. In F. Petermann (Hrsg.), *Entspannungsverfahren. Das Praxishandbuch* (6., überarb. Aufl.). Weinheim: Beltz.

Petermann, U. (2021). *Entspannungstechniken für Kinder und Jugendliche. Ein Praxisbuch* (9., aktual. u. erw. Aufl.). Weinheim: Beltz.

Petermann, U. & Petermann, F. (2015). *Training mit sozial unsicheren Kindern* (11., überarb. u. erw. Aufl.). Weinheim: Beltz.

Petermann, U. & Petermann, F. (2020). Aggressives Verhalten. In F. Petermann (Hrsg.), *Entspannungsverfahren. Das Praxishandbuch* (6., überarb. Aufl.). Weinheim: Beltz.

Petermann, U. & Suhr-Dachs, L. (2013). Soziale Phobie. In F. Petermann (Hrsg.), *Lehrbuch der Klinischen Kinderpsychologie* (7., überarb. u. erw. Aufl.). Göttingen: Hogrefe.

Saile, H. (2020). Aufmerksamkeitsdefizit-/Hyperaktivitätsstörungen. In F. Petermann (Hrsg.), *Entspannungsverfahren. Das Praxishandbuch* (6., überarb. Aufl.). Weinheim: Beltz.

Suhr-Dachs, L. & Petermann, U. (2013). Trennungsangst. In F. Petermann (Hrsg.), *Lehrbuch der Klinischen Kinderpsychologie* (7., überarb. u. erw. Aufl.). Göttingen: Hogrefe.

Vaitl, D. (2020). Neurobiologische Grundlagen der Entspannungsverfahren. In F. Petermann (Hrsg.), *Entspannungsverfahren. Das Praxishandbuch* (6., überarbeitete Aufl.). Weinheim: Beltz.

Audio-CDs zu den Kapitän-Nemo-Geschichten

Neben diesem Buch sind die Kapitän-Nemo-Geschichten auch als Hörgeschichten in Form von Audio-CDs erhältlich (ISBN 978-3-935105-16-3). Die Hörgeschichten werden von der Autorin dieses Buches erzählt und umfassen zwei CDs: Auf CD 1 sind eine Einführung sowie Unterwasserausflüge enthalten, die vor einer Aktivität eingesetzt werden, bei der sich ein Kind konzentrieren muss. CD 2 umfasst Unterwasserausflüge, die vor dem Einschlafen angehört werden. Jeder Unterwasserausflug ist etwa 10 bis 15 Minuten lang.

Die Audio-CDs können mit der Best.-Nr. 9700286 bezogen werden bei:

Testzentrale
Herbert-Quandt-Str. 4
37081 Göttingen
Tel.: +4955199950999
Fax: +4955199950998
www.testzentrale.de
info@testzentrale.de

Videofilm zu Entspannungstechniken für Kinder und Jugendliche

Der Videofilm *Entspannungstechniken für Kinder und Jugendliche* enthält Informationen über verschiedene Entspannungsverfahren, die für Kinder und Jugendliche geeignet sind. Ausführlich wird unter anderem auf die „Kapitän-Nemo-Geschichten" eingegangen. Der Film zeigt viele Beispiele zur Durchführung von unterschiedlichen Entspannungstechniken im Kindes- und Jugendalter. Er wurde von Prof. Dr. Ulrike Petermann vom Zentrum für Klinische Psychologie und Rehabilitation (ZKPR der Universität Bremen) gemeinsam mit der FernUniversität in Hagen 1994 produziert. Da der Videofilm von der FernUniversität in Hagen nicht mehr bezogen werden kann, kann der Videofilm mit freundlicher Genehmigung der FernUniversität in Hagen inzwischen unter dem folgendem Link https://www.fernuni-hagen.de/videostreaming/zmi/video/1994/94-12_76771/ abgerufen werden.